高效学习之道

LS 学习策略规划体系

赵永明　　主编

张同欣　副主编

天津大学出版社

TIANJIN UNIVERSITY PRESS

图书在版编目(CIP)数据

高效学习之道：LS学习策略规划体系 / 赵永明主编；张同欣副主编. -- 天津：天津大学出版社, 2023.3
ISBN 978-7-5618-7412-7

Ⅰ. ①高… Ⅱ. ①赵… ②张… Ⅲ. ①学习方法 Ⅳ. ①G442

中国国家版本馆CIP数据核字(2023)第038842号

GAOXIAO XUEXI ZHIDAO LS XUEXI CELUE GUIHUA TIXI

出版发行　天津大学出版社
地　　址　天津市卫津路92号天津大学内（邮编:300072）
电　　话　发行部:022-27403647
网　　址　www.tjupress.com.cn
印　　刷　廊坊市瑞德印刷有限公司
经　　销　全国各地新华书店
开　　本　710mm×1010mm　1/16
印　　张　15.25
字　　数　246千
版　　次　2023年3月第1版
印　　次　2023年3月第1次
定　　价　48.00元

本书编委会

主　编：赵永明

副主编：张同欣

编　委：韩　凝　天津市中学高级教师

李　敏　天津师范大学教授

王立晖　天津现代职业技术学院教授

学信教育方法课教研团队

龚汉坤　赵永加　王梦蛟

这是极具系统性的实施工具，是能让你快速掌握高效学习方法的书籍；

这是一本经过不断实践与总结，能为你提供学习经验的书籍；

这是一本依靠知识内化，能使你的行动目标更加清晰的书籍；

它不是一本“飘在天上”的理论综述，而是一本“落地生根”的实操指南。

前言

这个时代，正在犒赏终身学习的人！

“少而好学，如日出之阳；壮而好学，如日中之光；老而好学，如炳烛之明。”《说苑》中的这句话概括了终身学习的重要性。作为一种世界性的教育潮流，终身学习正鼓舞着社会里的每个成员不断向前：

有人为学业努力，因梦想中的那所学府；

有人为事业奋斗，因职场中的个人价值；

有人为理想拼搏，因成长中的自我实现。

但事实上，只有真正经历过的人才知道，想法是美好的，现实却是残酷的，学习路上的艰难险阻远远超过预期。或许你不缺勇气，也不缺信心，但依旧会束手无措，像一只无头苍蝇一样找不到方向，解决不了当下的疑惑。

为什么在同一班级里，学生们享受着同样的教学环境、老师配置与教育资源，却有第一名和最后一名的区别？

为什么在同一班级里，有的人学习轻松从容，始终名列前茅；有的人挑灯夜读却事倍功半，屡屡受挫？

为什么明明制定了目标，却缺少持续的动力和执行力？

为什么课上知识都听得懂，但转天全忘记？

为什么笔记很漂亮，考试成绩却很糟糕？

为什么总是心浮气躁，状态不佳，容易被人际关系或周围环境影响学习状态？

为什么总感觉时间过得快、精力消耗多，但学习收效甚微？

为什么发现了问题却没有思路解决，只能依旧做着无用功？

……

孔子曰“知之者不如好之者，好之者不如乐之者”，就是想告诉人们，知道学习的人比不上爱好学习的人，而爱好学习的人又比不上以学习为乐的人。真正爱好学习的人都对知识有着强烈的渴望，若能再辅以高效的学习方法，自然能以学为乐，并将所学轻松运用在工作和生活之中。

让学习者高效学习是本书的宗旨所在。面对信息时代的冲击，无论您是学生还是职场人士，都必须以全新视角和思维来看待和应对“学习”这一熟悉而又“新鲜”的事物。作者及其教研团队积累多年实践经验，独创 LS 学习策略规划体系，能教会学习者确定明确的目标，找准学习方向，提升学习动力，调整学习状态，改善学习习惯，激发学习潜能，优化学习方法，增强学科思维，短期实现学习成绩的提升，长远构建强大的学习能力，以应对社会的高频变化。

学习没有捷径，必须脚踏实地才有收获；学习也有捷径，只要方法科学就能少走弯路。心中有目标，脑中有理论，手中有资源，脚下有路线，这是新一代学习者必需的“武器”，也是为你学习之路保驾护航的“铠甲”。

编者

2023 年 3 月

目录

第一章　LS 学习策略规划体系简述

LS（learn system）学习策略规划体系是本书编者主导研发的一套课程体系。它以美国医学博士麦克斯威尔·马尔茨（Maxwell Maltz）的心理控制理论、美国心理学家安东尼·罗宾（Anthony Robbins）的潜能激励学为理论基础，结合美国教育家本杰明·布鲁姆（Benjamin Bloom）的教育目标分类法，经过教研团队 13 年一线封闭教学实践而完善成型。这套体系目标明确，多管齐下，致力于提升学习者主动学习的意识，解答他们在学习习惯和学习技能方面的困惑，辅以家长课堂及心理励志与疏导课程，使方法课程不再是空谈，真正帮助学习者会学、乐学、好学、精学、研学。

第一节 LS 学习策略规划体系框架

在教育活动中，教育者、受教育者和教育内容是三个基本要素。教育者和受教育者作为教与学的主体存在于同一教育活动中，构成教育活动的复合主体。在教学活动中，教育者是“教”的主体；在学习活动中，受教育者是“学”的主体。也就是说，面对教育者对基础知识和基本技能的统一传授，学习者的“学”才是拉开差距的关键。

为此，作者从 2004 年开始，逐步打造了一支由数十位一线特、高级教师及百余位清华、北大状元生组成的教研团队，跟踪和研究学习者的学习情况。借助个人测评、分组讨论、集体面授和假期训练营等多种形式，教研团队不断总结数据，优化方法，获得的样本数也从最初的五六百份逐渐增至上万份，为 LS 学习策略规划体系的建立和最终成型提供了强有力的实践支持，确保了体系的全面性、适用性和权威性。

LS 学习策略规划体系主要由“教”与“学”两大部分组成，而与学习者自身行为相关的内容主要集中在“学”。这一部分主要包括学习状态、学习习惯和学习技能等模块，其中，学习状态是学习的先决条件，学习习惯是学习的教育本质，学习技能是学习的硬件支持。三者相互影响，并驾齐驱。

都说“授人以鱼不如授人以渔”，通过图 1–1 不难看出，LS 学习策略规划体系就是“授人以渔”的产物。它经过不断的提炼与优化，日趋成熟，无论是理论架构还是落地路径，都有着极强的针对性。该体系致力于引导学习者的思想，规范学习者的行为，提升学习者的技能，越早采用这一体系，学习效果越好。

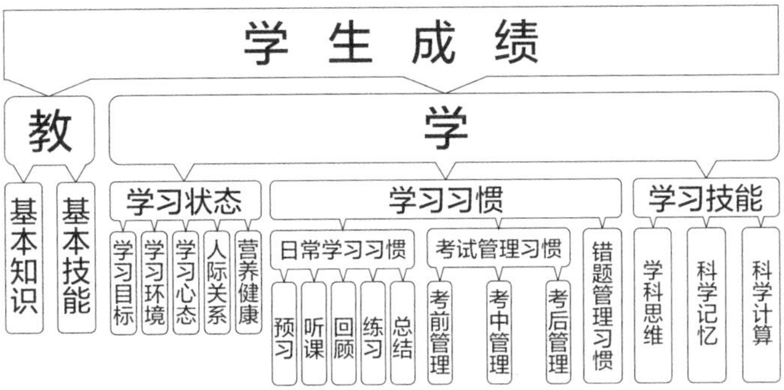

图 1-1　LS 学习策略规划体系

第二节 LS 学习策略规划体系路径

按照 LS 学习策略规划体系的设想，最高效也是最理想的学习路径应如图 1–2 所示。

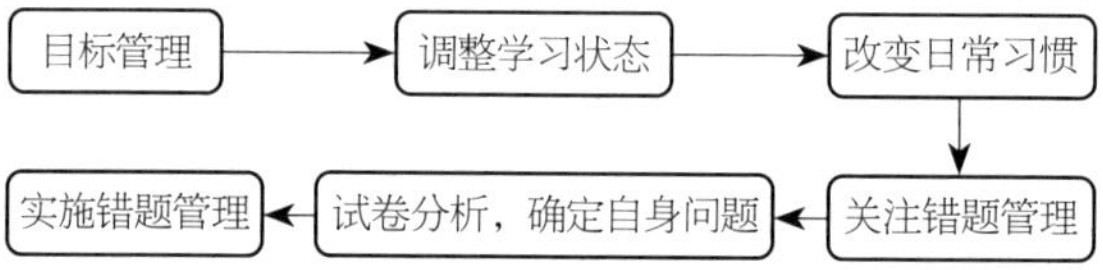

图 1–2 学习的理想路径

在理论上，学习者应该先树立一个目标，这个目标可以是一所心仪的大学、一个感兴趣的专业，抑或期待的分数、想要获得的名次。为此，他开始调整学习状态，养成良好的日常学习习惯，并利用考试和错题管理弥补知识漏洞，最后检验自己的学习进度和效果是否达标。

但事实上，教研团队在将 LS 学习策略规划体系落地的过程中，发现上述步骤趋于理想化，大部分学习者的学习路径都不是按照上图顺序完成的。这源于很多人在学习初期并没有建立明确的目标（或目标设置不切实际），对自己的成绩或班级位次也没有多少概念，往往是在遭受了挫折之后，发现结果与预期有差距，才意识到自己的学习方法是有问题的。

××跟我差不多的水平，怎么他的分数比我高呢？

呀，我的语文成绩怎么这么差啊，我感觉题目都会做啊，是哪里出了问题呢？

总分怎么和我预期的相差那么多？这个分数还怎么上 ×× 大学啊！

不行不行，再这么散漫下去，我就完蛋了。明天开始真得好好学习了！

在失望情绪的刺激下，学习者开始谋求转变，这就导致“试卷分析”这个环节往往是许多人开启新一轮学习周期的真正起点。参照 LS 学习策略规划体系，此时的学习路径发生了变化，如图 1-3 所示。

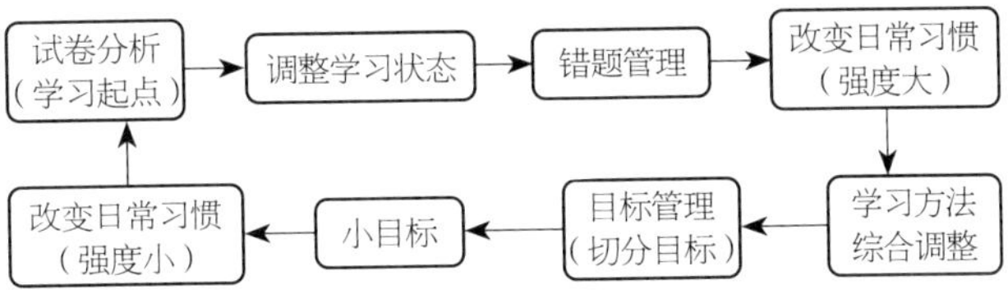

图 1-3　学习的实际路径

当学习者有意识地调整学习状态，开始运用错题管理弥补知识漏洞，养成良好的日常学习习惯时，阶段性的小目标（分数或排名提升）就很容易实现。学习者因小目标的实现受到鼓舞和激励，就会带着更多信心和更有把握的学习方法走进下一个学习周期，由此形成良性循环。

其实对于 LS 学习策略规划体系的路径而言，不存在一个绝对的起点，任何一个环节都可以作为一个全新学习周期的开始，只要按照体系内的步骤坚持走好每一步，就可以实现学习能力的提升。

2016 年，《天津教育报》对编者所在的教研团队及 LS 学习策略规划体系进行了详细报道（图 1-4），让大众明白学习本就该是一件科学的事情；2018 年，天津广播电视台科教频道对 LS 学习策略规划体系进行了系统介绍，将该体系誉为“学习方法领域的标准”（图 1-5）。

TIANJIN JIAOYU BAO

天津教育报

高中升学专刊

2016 年 5 月 30 日 星期一 本期三版

新华网天津教育频道 www.tj.xinhuanet.com/campus

授人与鱼，不如授人与渔

—天津学信教育“LS”学习规划体系率先取得实践性成果

我国经济快速发展，市场人才需求发生重大转变，人才培养的力度也日渐重要，市场这批骏马需要人才的“好鞍”来进行匹配，随着众多科研的转移，教育学者发现，教学过程是双方努力的结果，单靠学校、老师的投入远远解决不了教育被动的局势，如何让孩子科学的主动的会学习，让家长有支点配合学校工作，让学校、家庭和学生在实施层面进行横向串联，这些问题成为了现阶段教育的沟壑。

天津知名教育品牌学信教育初、高中教育部近几年针对 2000 名学生教学数据总结中发现，学信教育“LS”学习策略规划体系可以为这条“沟壑”填石磊坝。“LS”规划课是全国首例提出的专业提升学生学习能力的体系。该体系基于不同年龄学生的生理和心理特点，以潜能开发为工具，数百名高考状元为案例，数十名特、高级教师教学实践为基础，全面系统的培养学生的学习方法，规划课旗下家长课堂及学生课堂深受家长爱戴。

家长课堂：

学校的教育主体是学生，过程由学校和老师共同实施；家庭关注的重点也是学生，关系由家长和孩子共同维系。可家庭的千差万别确实教育工作者心有余而力不足的死角。大家共同关注的是孩子的学习能力和成绩，可孩子的学习过程横跨两个“频道”始终让学校和家庭无法使上力气。如果先将家长和孩子调整到统一“频道”，保证沟通的顺畅并互相理解，再使用科学的方法就可以快速、有效、稳定的提高孩子们的能力。

学生课堂：

“LS”规划课首先让孩子知道学习是一件科学的事情，通过励志课堂从内因解决主动学习的问题；通过考试管理、错题管理等解决外部环境和学习习惯的问题；再通过学科思维和科学记忆培养解决技能问题。最终让孩子具备主动积极的学习心态、高效的学习方法、超人的学习技能，从而提升综合学习能力。

学信教育校长赵永明指出：LS 方法课是学新理念的产物，是授人与渔的产物，它致力于引导孩子的思想、规范孩子的行动、提升孩子的技能、越早接触这些内容对孩子甚至家庭的影响越深远，并起到积极的作用。教育是可以改变孩子未来的，我们只要认真对待孩子们的每一个环节，才不枉费一声“老师”的称呼。

点滴积累，方法为尚

—“LS” 学习规划体系之学习习惯

学习本身是一件科学的事情，只要涉及科学必须联系逻辑，设计逻辑就会有方法论，我们的孩子从小就在学习，注重知识本身，注重考试结果，但是学校教育长远来看是培养孩子们的学习能力，这样的能力能使学生在未来一生中受用无穷，不具备学习能力的人，则会进步缓慢，容易被社会淘汰。这些问题短则体现在大学期间学不会专业知识，长则表现在工作中得不到大家的认可。

孩子们的学习习惯需要点滴积累，通过学习习惯掌握学习方法，通过实践修正自己的学习方法，最终具备属于自己的学习能力，比如在学习习惯上：“LS”规划课中预习的目的是为了巩固之前学习的内容，了解所学知识的范围，提出新知识的问题，锻炼自己的理解能力，只有完成了以上的预习步骤，才能进行听课环节；在课上我们解决问题，获取知识后才能进行联系环节，以此类推完成所有环节后，回到下一个知识的预习环节，将这一学习过程固化成为学习习惯。

科学测试证明：95% 的人智商在标准范围，只有 2.5% 的人智商低过 70。因此，智力绝不是成绩的决定因素，关键还是在于学习方法，“差生”差就差在学习方法，对于所有的孩子而言，课堂学习的时间是共有的，书本上的知识内容是相同的，要实现超越，仅仅把握住这段时间和水准是远远不够的，必须掌握科学、实用、高效的学习方法，只有这样才能超越自我，走在前列。

态度是提升的基础

—“LS” 学习规划体系之心理励志

学习过程中我们发现，孩子自发主动的学习是最优状态，怎样才能让孩子主动去学习，我们不妨简单分析一下。

孩子的问题通常也是家长的问题，家庭中对独生子女的宠爱程度很高，这样使得孩子本身缺乏上进心和自信心。长期的“不劳而获”让孩子没有人生规划，所以家庭环境对孩子的学习状态影响是巨大的。加之现在的孩子个性越来越突出，如何与同学、老师、父母相处成为了孩子们的困惑；人际关系的好坏也影响着孩子们的状态。

励志专家刘东华认为孩子的疏导工作是系统工程，我们要让孩子建立自信，打好主动学习的心态基础，解决孩子的内因问题，再通过引导推动孩子的行动能力，一旦有值得表扬的地方就进行鼓励，推动越自信越主动的良性循环。

走向梦想的第一步

—“LS” 学习规划体系之志愿填报

据权威部门调查显示，有 42.1% 的大学生对所学专业不满意；如果可以重新选择专业，有 65.5% 的大学生表示将另选专业。现在高中生普遍自我目标缺失，绝大多数学生高考之前，学习的唯一目的就是上名校、读热门专业，实现父母和老师的愿望，唯独没有考虑自己的个体需要。孩子最终面对的是个人的职业发展。

志愿填报是制定孩子职业发展的重要一环，浅层次的职业发展解决的是生存问题，也就是就业问题，根据专业热门程度填志愿是这种思想典型的例子。如果志愿和孩子兴趣结合在一起，那么该生未来相对容易成为这个领域的专家。我们再深入思考一下，如果个人兴趣、专业、性格都能结合在一起，那么孩子未来在职业道路上就会更容易获得较大的成就。

志愿填报研究组长王爽表示：高中生职业生涯规划的作用并不仅仅是帮助高中生科学合理地填报合适的高考志愿，更重要的是帮助他们思考自己的未来，如“我想成为怎样的人”，“我想要过怎样的生活”等，让他们有机会想象“未来的我”。

高考志愿填报不仅关乎考生的再教育，而且对于未来步入社会以及职业生涯的发展规划都有着极为重要的意义。

走向梦想的第一步

—“LS” 学习规划体系之科学记忆和学科思维

学生对知识的运用是通过两个阶段完成的。

1、通过记忆将知识材料储存在大脑里，并可再现。

2、通过分析将再现知识按思考路径形成有效信息。

科学技能研发组长张同欣指出，学生依靠内因主动学习，依靠方法会学习，依靠能力能学习。科学记忆和学科思维就是学生的技能。我们依靠科学记忆将知识储存在我们的大脑里，通过学科思维去加工知识，最终成为我们日常运用的行动指南。孩子则通过这两部分完成知识的运用。

“LS”学习策略规划体系在科学记忆和学科思维层面上拥有测评机制、个性培养机制、专业匹配机制。针对不同学生，不同学科进行细化分析，希望学信教育在未来的工作中，服务更多津门学子。

图 1-4 《天津教育报》的相关报道

图 1-5 天津广播电视台科教频道相关报道

第三节　LS 学习策略规划体系重点板块

LS 学习策略规划体系分为学习状态、学习习惯和学习技能三大板块，它们既自成一派又相互为用。其中，学习习惯是重中之重，包含日常学习习惯、考试管理习惯、错题管理习惯三个部分；学习状态和学习技能则是聚焦与学习者及其学习行为相关的其他因素。本书将用三个章节对 LS 学习策略规划体系的三大板块分别进行介绍。

第二章的内容主要围绕学习状态展开，以坚定学习者奋发向上的决心。学习状态是学习的先决条件，从学习目标的设定到学习环境的打造，从学习心态的调整到人际关系的处理，每个因素都有可能左右学习者学习状态的走向。整章将从内因和外因两方面入手，找出学习者的“病根”所在，帮助其卸下包袱，以更加昂扬的姿态和更加饱满的热情投入学习之中。

第三章的内容着重介绍三大学习习惯，以期借助好习惯成就好结果。日常学习习惯包括预习、听课、回顾、练习和总结五个落地动作：预习是课程学习的起点，听课是课程学习的核心，回顾是课程学习的巩固，练习是课程学习的应用，总结是课程学习的整合。五个环节环环相扣，层层推进，对任何一门学科的学习都是至关重要的。

考试管理习惯从考前、考中和考后三个时间点切入，以考试这一最直接的检查形式直击学习者的问题所在。良好的考试管理习惯不仅可以提升学习者的专注力，丰富其应考技巧，还能锻炼学习者的心理素质，以应对未来在生活和工作中可能遇到的各种挑战。

错题管理习惯的核心是借助试卷或习题册，一方面帮助学习者提炼重点和积累题型，另一方面促使学习者顺势调整学习状态（对应第二章内容，由此形成体系闭环）。编者团队独创的“错题管理九步法”可以减少出错频率，归纳解题窍门，快速提升学习效果，这对考试频繁的毕业班学生尤其有效。

第四章浅谈学习技能，主要包括学科思维的建立、高效记忆法的运用以及科学计算方法的适用等内容。学习技能蕴含“四两拨千斤”的奥秘，能让学习者轻松上阵，以更加内隐的智慧破解难题。

当然，面对如此严谨复杂的体系架构，乍一看你可能很苦恼，要么担心内容太多，很难在短时间内面面俱到；要么头脑发蒙，完全不知道该从何做起。其实不然，千万别把简单问题复杂化了！对于学习者而言，并非需要做好体系中的每一步才能有所收获，也不是非得从所谓的起点开始才能取得效果，任何一个勇于尝试的念头、一个愿意践行的举动，都是通往成功的入口。

不积跬步，无以至千里，对于任何事、任何目标，只要一步一步去积累，就能到达胜利的彼岸，希望所有阅读本书的朋友们能从当下开始，以任意一个环节作为突破口，把书里介绍的每一个方法、每一种工具落实到具体的学习行动中，并尽一切努力去严格执行。世上无难事，只要肯登攀，要相信，只要不轻言放弃，就会看到希望向你走来；随着一个个小目标的实现，你不仅会成为更好的自己，也会在学习之路上越走越轻松，越来越充满自信。

本章重点回顾

◆ 学习者的“学”是拉开差距的关键。

◆ 学习状态是学习的先决条件，学习习惯是学习的教育本质，学习技能是学习的硬件支持。

◆“试卷分析”是许多人开启新一轮学习周期的真正起点。

◆ LS 学习策略规划体系各板块既自成一派又相互为用。

◆ LS 学习策略规划体系真正帮助学习者会学、乐学、好学、精学、研学。

第二章　坚定奋发决心，优化学习状态

学习状态是指学习者在面对学习这一行为时所产生的状貌特征与动作情态，通常可以从学生的注意力、情绪和意志等方面加以判定和说明。受注意力、情绪和意志支配的思维和行为会给学生的学习与生活带来巨大影响。

美国社会心理学家艾莉森·莱杰伍德（Alison Ledgerwood）作为一个专业的人群观察者，曾在研究报告中提到了人的思维模式的一个特征，那就是——比起“患得”，人们更加“患失”。

当看到下面这个杯子时（图 2-1），你的第一反应是：

这是一个半空的杯子？

这是一个半满的杯子？

图 2-1　获益框架和损失框架

艾莉森及其研究团队通过实验发现，如果选用“半满”去描述这个杯子，人们便会喜欢这个杯子；如果选用“半空”去描述这个杯子，人们就不太喜欢。研究者认为，如果描述杯子“半满”，人们是在获益框架下进行思考的，关注的是得到的部分，情绪和状态都处于积极状态；反之，如果描述杯子“半空”，人们是在损失框架下进行思考的，情绪和状态处于消极状态。由此，艾莉森在 TED（technology，entertainment，design，即科技、娱乐、设计）演讲中发表了这一结论，希望教会人们如何在负面情绪中寻找正面意义。

如此说来，情绪状态会影响人们的行为。调整思维方式，转换思考角度，使思考不受制于固定模式，是可以给人们带来不同心理感受的。只不过，说起来容易做起来难，“改变”对普通人而言并非易事。于是，艾莉森又通过另一个实验来探索人们转换思考框架的难易程度。

研究者告诉实验者，想象现在有一种罕见的疾病开始大规模暴发，600 个生命可能会受到威胁。

第一组实验者被问道：“如果 600 人中的 100 人得到救助，那么有多少人将因病去世？”

第二组实验者被问道：“如果 600 人中的 100 人因病离世，那么有多少人会获救？”

这其实是一道很简单的数学题，答案是 600−100=500，不同的是，第一组实验者需要将思维模式从收益转换到损失，第二组实验者要将思维模式从损失转换到收益。对比两组实验者计算这个简单问题的时长，人们发现由获益模式转换到损失模式的计算速度更快，平均需要 7 秒的时间；而由损失模式转换到获益模式的计算则需要更长的 11 秒来完成（图 2–2）。

显然，人们对世界的认知从根本上倾向于负面，一旦站在损失的角度思考问题，这种思维模式就更容易长久存在，也更难被改变。

综上所述，心态（积极或消极）、情绪会对人的反应速度、行为产生影响。从好到坏的转变很简单，但从坏到好的转变会困难很多，这就使我们需要付出更多努力去看到事物积极的一面，而不要受困于消极思维的影响。

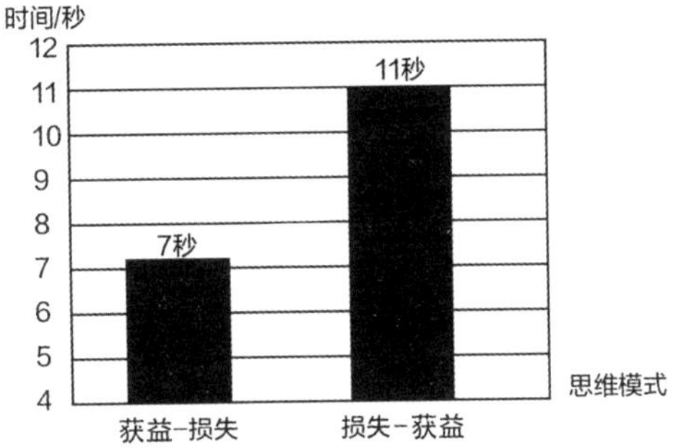

图 2-2　思维模式转变时间

我第一次在学习方面感受到强烈的挫败感，是在高一上半学期。

当时全年级举行统一的期中考试，但我从一开始就不太有把握。别看平时的练习都会做，单元测验的结果也还不错，但我自己心里清楚，很多知识都学得似是而非，侥幸遇到老师讲过的题我能解答，但稍微难一点我就不太拿得准，因此只能祈求考试别太难，考过一次算一次。

面对现状的茫然无措

结果显而易见，我发现试卷上的很多题目都无从下手，感觉学过，但又没有解题思路，云里雾里地做完试卷，一出考场心里就打起了鼓。果然，初中时期还能自诩“学霸”的我，在这次考试中的成绩非常不理想。情何以堪啊！我一时有点想不明白，不知道问题究竟出在哪儿。

回想初中那会儿，我学习挺轻松的，不费什么时间和精力就能取得不错的成绩。虽说学校不是重点，但和同水平的学生相比，我还是具备明显的优势，这种状态也让我一直对学习这件事充满信心。但自从进入高中以后，我发现学习开始变得有点吃力，也曾一度安慰自己这只是暂时现象，可能是因为还没有适应高中的学习节奏。但就像“喝水都塞牙”一样，我好像越是心急想改变，结果就越不尽如人意——明明上课听了讲，回家做了题，但对很多知识还是没有把握。我也曾想过降低目标，一点点去执行，但好像总是提不起劲头，很难把自己的计划坚持下去，一会儿高喊着口号“一定要努力”“一定要在期末打个翻身仗”，一会儿又安慰自己“没事，你初中都学得那么好，高中肯定差不了”，身体里的两个小人每天都在不停地拉扯，让我有点无能为力。就这么像只无头苍蝇一样乱撞了一个星期，我发现了问题所在。

找准目标主动调整

一直以来，我只着眼于解决眼前问题，学一课看一课，错一题改一题，我既缺少总体计划的指导，也缺少小目标的刺激，同时面对困难也不够自信，所以总是很难有持续的状态去改善。于是我痛定思痛，决定静下心来理清思路：向外，我主动向老师和同学请教，向父母寻求帮助与支持；向内，我通过阅读相关书籍，找寻适合自己的学习方法，细化阶段目标，同时给予自己积极的心理暗示（我还在卧室里贴了不少名人名言）。虽然短时间内，我的学习成绩并没有特别明显的提高，但我感觉整个人的学习状态在变好，注意力更加集中，反应更加迅速，内心也更加充满直面问题的勇气，这对我来说，是现阶段最重要的收获。

以上内容摘自四川省蜀都中学高一学生叶洋甫的记录。通过这段文字，我们能感受到他状态的波动，但更欣慰于他的自省和调整。在他看来：

◆ 目标是学习的出发点，无论中途遇到了何种挫折，每个人都要明确自己的方向，不要忘记自己的初心；

◆ 尽管自己才是调整状态的“主力选手”，但我们依旧可以“向外望”，大大方方地向身边人寻求帮助，家人、老师和朋友都能给予我们有力的支持；

◆ 学习遇挫时，我们需要积极的心理暗示来为自己加油鼓劲，尽快让自己恢复到自信且主动的状态中去；

◆ 不要对着目标空想，要化目标为行为，通过优化学习方法去解决学习中的实际问题，使自己进入良性循环的状态。

叶同学的心路历程有没有引起你的共鸣？他内心所经历的起起伏伏有没有让你感同身受？如果有某句话打动了你，那说明学习状态真是一个会影响所有学习者的共性问题。不过，你大可不必为过去的迷惘、无助感到担心，跟着我们一起解决它就好。

现在，让我们把目光转向自己，仔细思考一下：

你最近在面对学习时的状态是怎样的？

乐观还是悲观，积极还是消极？

有没有为了改变学习状态做过什么努力？

你的努力是短期的还是持续的，有效的还是无效的？

……

LS学习策略规划体系之所以把学习状态放在首要位置，就是因为学习状态是学习的先决条件，它的好坏能直接影响学习效果。学习状态保持得好，学习者就能时刻感受到有源源不断的能量在注入，越学越有斗志；

若学习状态保持得不好，甚至没有学习状态，学习就会成为负担和累赘，慢慢消磨掉学习者的热情。当然，受生理、心理等因素的影响，学习状态或多或少会出现波动，我们不必为此过分焦虑，只需要及时察觉并尽快做出调整，使学习状态恢复到正常乃至最佳水平。

如何调整学习状态，并利用学习状态去改善学习者的思考模式和行为习惯，是本章探讨的重点。

第一节　步步为营，让学习目标轻松落地

无目标的努力，有如在黑暗中远征。

国学大师王国维在《人间词话》中写道：“古今之成大事业、大学问者，必经过三种之境界：‘昨夜西风凋碧树，独上高楼，望尽天涯路’，此第一境也。‘衣带渐宽终不悔，为伊消得人憔悴’，此第二境也。‘众里寻他千百度，蓦然回首，那人却在，灯火阑珊处’，此第三境也。”

原本暗含儿女私情的词句，被王国维巧妙地化为做学问的三重境界，富有深意。其中第一境界，引自宋代词人晏殊的《蝶恋花·槛菊愁烟兰泣露》：西风刮得绿树落叶凋谢，暗示当前形势恶劣，但在乱世之中只有作者能真正爬上高楼，居高临下，清晰地看到远方，看到别人看不到的地方，不为暂时的烟雾所迷惑。因此在王国维的理解里，只有做到目标明确，才有条件到达第二境界和第三境界。

一、把目标“刻在钢板上”

古今中外，所有人都有梦想，都在追求成功，但真正成功的人却是少数，因为大多数人总是飘忽不定，看似有目标，其实只是空头支票，今天想成为一个画家，明天想成为一个音乐家，像一只无头苍蝇一样在打转；稍微遇到一点挫折或挑战，又想着另起炉灶，从头来过，尽做无用功。因此我们要做的，是把目标“刻在钢板上”，把方法“写在沙滩上”，一旦确定目标就勇往直前，无所畏惧，用坚定和付出去换来收获。你要相信，即便走得慢的人，只要目标明确，也能比漫无目的徘徊的人走得快。至于

后半句“把方法‘写在沙滩上’”，是要求我们可以根据目标，调整我们的“战法”。也就是说，方法会有千千万，目的只有一个，那就是想尽一切办法达成我们的目标。

西汉史学家司马迁曾这样表述自己的人生目标：“先人有言：‘自周公卒五百岁而有孔子，孔子卒后至于今五百岁，有能绍明世，正《易传》，继《春秋》，本《诗》《书》《礼》《乐》之际。’意在斯乎！意在斯乎！小子何敢攘焉！”为完成父亲遗愿，司马迁自定远志，要写成一部能够“藏之名山，传之后人”的史书，于是从20岁开始游历各地，考察历史和风土人情。然而，就在他准备着手写作的时候，因为替李陵说情，司马迁触犯了汉武帝，被关入狱，处以重刑。面对酷吏的非人折磨，司马迁始终没有屈服，即使身体残缺也没有害怕和退缩，因为他始终有一个信念，就是以周公、孔子为榜样，写出像《易传》《春秋》那样的经世之作，“究天人之际，通古今之变，成一家之言”。于是，我们看到了司马迁的忍辱奋起，看到了他的绝境重生，也看到了《史记》这一被誉为“史家之绝唱，无韵之离骚”的传世之作。

古典名著《西游记》中的唐僧，也是一位目标坚定之人。相比擅长七十二般变化的孙悟空、曾作过天蓬元帅的猪八戒、憨厚老实任劳任怨的沙和尚，唐僧好像最没本事，总是慈悲为怀，做事不辨真伪，常被妖魔鬼怪抓去。可就是这样一个手无缚鸡之力的人，最终带领徒弟历经九九八十一难取回真经。尤其是在孙悟空赌气返回花果山、猪八戒开小差跑回高老庄、沙僧也不知如何是好的情况下，他无惧前路艰险，毅然选择继续上路。这一切，正是源于他内心清晰且坚定的目标——西行求佛法，归来度众生。

因此，无论是面对学习、工作还是生活，目标既是学习状态的起点，也是学习成果的终点。我们始终要记得终点在哪里，这样就是在向成功迈进了。

二、撸起袖子，将目标化为行动

既然学习目标是学习状态与学习行为的出发点，那么无论是对于团队还是对于个人，制定一个正确有效的目标绝对是首要任务。目标合理，一切皆有方向；目标不合理，一切都可能是徒劳。这就好比一个明明有绘画天赋的人却硬要成为一个音乐家，方向错了，努力也会变得毫无意义。那么，我们应该如何找到这个“合理的目标”呢？

这里就需要引入目前最流行的企业管理工具和原则——OKR 法和 SMART 原则——为我们所用。那么，OKR 究竟是什么呢？

OKR（objectives and key results）法即目标与关键成果法，是一套明确和跟踪目标及其完成情况的管理工具和方法，获得了国内外许多名企的推崇。其中，O 代表目标，K、R 代表衡量这些目标是否完成的关键结果。

“目标”“关键结果”，这些字眼是不是很熟悉？

没错！OKR 既然可以完成企业对发展目标的设定和对最终成效的判定，那么同样也能被套用在学习上。

结合 SMART 原则，目标应该是具体的（specific）、可量化的（measurable）、可实现的（attainable）、具有相关性的（relevant）和有时间限制的（time-bound）。

◆“具体”是指目标要切中特定的指标，不能笼统，如：

取得某类证书；

考入某所学校；

争取到心仪的岗位；

使原创文章的阅读量提高；

……

◆“可量化”是指目标是可数量化或可行为化的，验证这些目标的数据或信息是可获得的，如：

考试总成绩超过 425 分；

考试位次提升 10 名；

……

◆“可实现”是指学习者在付出努力的情况下可以实现目标，避免设立过高或过低的目标，如：

某一学科单元测验成绩比上一次提高 3~5 分；

40 分钟内做完一张单科分值 100 分的试卷；

每天完成两篇课外阅读的练习；

……

◆“具有相关性”是指目标与其他目标是相关联的，如：

一个学生的目标是排名进入全年级前 40 名，分数要达到 600 分，那么就需要把这个目标拆解到各个学科、各个知识点和各个题型中。

◆“有时间限制”是指目标要在特定期限内完成，如：

在周日之前完成整个单元的复习；

在 20 分钟以内完成一篇文章的背诵；

当晚睡觉前必须完成 10 个新单词的记忆；

……

注意，“我要读一本书”和“我要在 30 天内读完一本书”是完全不同的概念。

三、步步生花，让行动生根发芽

目标确立后，我们需要对其进行纵向或横向拆解。我们先以一个高中生想考 ×× 大学 ×× 专业为例，来说明目标的纵向拆解。

首先，这个学生要知道上一年 ×× 大学 ×× 专业在其所在城市的录取位次（比如成绩排名在全年级前 20 名就能被录取）；然后，了解自己所在年级里与这一录取位次相同的同学成绩（在模拟考试中排名全年级第 20 的同学的分数）；最后，计算自己的成绩和这一成绩相差的分值（注：实际操作中应使用“位次”的概念作比较，但为了便于读者理解，下例用“分数”的概念来说明）。这样一来，该生就获得了一组数据。

◆ 自己的考试分数：A。

◆ 与目标大学、专业录取位次相同的同学的分数：B。

◆ 分数差：B−A。

接下来我们需要把分数差分配到每一门学科、每一个知识点和每一种题型中，由此找到提分点，缩小与期望分数的差距。

我们来看一个学习者的真实案例（表 2−1）。

表2−1　目标纵向拆解正例（距离考试还有6个月）

科目	目标成绩（B）	现在成绩（A）	分数差	关注点	分值	关注点	分值	…
总分	596	532	−64	核心策略：守正、出奇（个性试卷分析）				
语文	110	107	−3	文学常识	4	虚词使用	3	…

续表

科目	目标成绩（B）	现在成绩（A）	分数差	关注点	分值	关注点	分值	…
数学	120	108	−12	双曲线导数：第一问；第二问，①单调性、全参；②恒成立问题；③构造函数问题	3	立体几何第三问	6	…
英语	120	77	−43	单选、完形填空、阅读（语法学习可从定从、名从、状从等三大从句，以及非谓语动词两个板块入手）	3	单词：单词记忆可借助联想记忆法、图表记忆法和词根词缀记忆法等	0	…
政治	82	82	0					…
化学	79	76	−3	实验题，氧化还原的特点	3	推断题，有机化学：纯烯和卤		…
生物	85	82	−3	光合作用实例	0	遗传	3	…

该生首先通过计算得出了64分的分数差，然后将差值分配给表中6门学科，找出了每一科对应的提分点。他没有把分数过多分配给现有的优势学科（语文、政治和生物），而是找准弱势学科——英语进行突破，同时把43分精确到具体题型（单选、完形填空、单词）中，让下一轮学习更有针对性，使目标更有可能快速达成。

我们也可以通过一个反例来说明。这是一个高三学生在距离高考还剩4个月的时候，对学习现状和学习目标进行的拆解（表2−2）。

表2-2　目标纵向拆解反例（距离考试还有4个月）

科目	目标成绩（B）	现在成绩（A）	分数差	关注点	分值	关注点	分值	…
总分	583	486	-97	核心策略：整体提升				
语文	120	100	-20	作文	10	文学常识	3	…
数学	140	100	-40	双曲线	10	立体几何第三问	6	…
英语	80	70	-10	单选、完形填空	3	单词	0	…
政治	79	67	12					…
化学	82	67	-15	—	—	—	—	…
生物	82	82	-0	—	—	—	—	…

显然，这个学生的目标设置过高。所谓“时间紧，任务重”，想要在4个月中提升近100分，会导致来自知识体系和题型体系的双重压力，这对学习者而言难度很大。其次，该生在分数划分上存在问题。一般来说，绝对优势学科的提升空间有限，弱势学科的提升空间较大。将数学提升到140分是很难实现的，耗时太多反而会占用其他学科的复习时间。最后，他没有明确在政治、化学和生物学科上的提分点，这样就无法规划和细化下一个阶段的学习重点。因此，这个目标管理有些不切实际，很难指导学习者接下来的行动。

目标拆解的重中之重，就是切合实际——既不能好高骛远，也不能妄自菲薄；而后通过具体行动去落实每一个小目标（提分点）。我们践行的每一步，其实都是在为连接起点和终点提供可能，做得越细致越靠谱，到达终点的希望就越大。具体行动既体现在每一轮周期性的整体安排之中，也体现在每一天的细致规划中，更体现在每一项工作的完成效果和时间节点上。有关学习步骤和时间管理的方法，我们会在第三章具体介绍。

以上对目标的纵向拆解可以多次使用，尤其适用于各种模拟考试。因为每一次考试都会产生新的单科成绩和新的总成绩，也会产生相应的期望成绩和期望位次。计算出分数差并按上述方法将差距细化，再逐一攻破，就能朝着目标越走越近。

说完目标的纵向拆解，我们再以一个职场人士的自我提升为例，来看看目标的横向拆解，见表2-3。

表2-3 目标横向拆解示例

等级	具体要求
总目标	通过两年的时间成为一名社会精英
目标1	获得公司领导和同事的认可，晋升为销售经理
目标2	每年阅读专业书籍3本，文学书籍3本，业余爱好类书籍4本
目标3	拥有一种音乐特长，能独立演奏3首曲目
目标4	年收入超过30万元

这个人想要通过两年时间成为社会精英，为此从职位、文化、兴趣和收入等方面对目标拆解。在执行过程中，他需要围绕这些小目标做梳理，不断反思和复盘：

当前我的进展如何了？

我在规定时间内完成了多少，还剩下多少？

目前出现的这个状况（好/坏）是什么原因造成的？

为了实现目标，我需要进行怎样的改进？

我应该保持现状还是求助他人？

……

确立学习目标的核心意义在于既能指导当下的行为，又能为下一步动作提供方向，因此，目标一旦确立（正确且合理）就不要轻易改变，但具体的实施计划不用一成不变，要根据实际情况进行修正。比如，原本计划用3周时间解决的知识点，只花了两周时间就复习到位了，那么我们就应该考虑给自己酌情加码，既可以围绕这部分知识点加练一部分难度更高的习题，也可以把下一阶段的新知识或其他学科的知识提前到这一阶段来完成；反之，如果发现时间不够用，原本3周内应该完成的内容已经滞后，那我们就要想办法提高效率，调整学习策略和学习方法。

四、高效投入，把时间利用起来

说一千道一万，我们的目的很明确，就是帮助学习者坚定一个路线，即“制定目标——拆解目标——达到目标”。但同时，我们还必须坚定一个信念，那就是“办法总比困难多”，唯有行动才不会让一切成为纸上空谈。

正因如此，我们在确定学习目标时还要结合时间管理来考量——大到整体目标实现的最后期限，小到每天学习任务的时间节点，都要做到心中有数。明明应该在一个月内做完的工作，随意拖至三个月；明明可以一天背完的单词量，非得花一个星期。这肯定是不可取的。

本书第三章将着重介绍三大学习习惯，帮助大家“寻找方法——落实方法——修正方法”，将具体的学习行动落实到日常学习、考试管理和错题管理之中，中间会涉及有关时间管理的相关内容，这里仅先简单引入两个能有效提升学习效率的小工具供大家参考，帮助学习者减轻时间焦虑，避免学习疲惫。

1. 番茄工作法

番茄工作法由意大利人弗朗西斯科·西里洛（Francesco Cirillo）于1992年创立。他在大学生活的前几年里，曾一度苦于学习效率低下，于是他和自己打赌：“我能学习一会儿吗？真正学上10分钟的那种？”于是，他为自己找到了一个“计时教练”——一个形状像番茄的定时器。就这样，一种简单易行的时间管理方法诞生了。

番茄工作法能有效集中人们的注意力，强化决断力，改进工作和学习的流程，提高工作和学习效率，以此巩固达成目标的决心。具体方法如下。

（1）将当日需要完成的任务填入“今日待办清单”（表 2-4），并从中选择一项开始完成。

表 2-4 番茄工作法示例

今日待办清单			
任务	预计番茄数	番茄记录	实际番茄数
完成语文作文	2	×	
背诵 20 个英文单词	1		
完成物理模拟试卷 1 套	3		
所有课堂笔记整理回顾	2		
当日试卷整理	1		
计划外事件			
总结			

注意事项

1. 番茄钟不可分割（没有半个或一个半番茄钟）。

2. 一个番茄钟内如果做与任务无关的事情，则该轮计时作废；一旦番茄钟启动，就必须让它走到铃响。

3. 如果一项任务要花费超过 5~7 个番茄钟，就应该把任务拆分成几个更小的活动依次完成。

（2）启动番茄钟（定时器），将时间设为 25 分钟，中途不允许做任何与该任务无关的事，直到番茄钟响起，在清单中标记一个 ×。

（3）若因干扰导致任务中断，需停止当下番茄钟并宣告本轮计时作废，再在当前番茄钟旁做记号 /，待干扰解决后再重新开始一个番茄钟；干扰事情若不用马上完成，可将其写入计划外事件，接着完成本轮番茄钟。

（4）一个番茄钟结束后，可以短暂休息片刻（一次 3~5 分钟，每 4 个番茄钟后可以多休息会儿），然后开始下一个番茄钟，继续完成任务，如此循环直到任务完成，并将其从清单里划去。

由于每一项任务都有截止时间，所以我们在制定清单时，要根据事情的紧迫性和重要性来确定做事的顺序。在此基础上，我们还可以把紧张的事和轻松的事相结合，把擅长的工作和不擅长的工作相结合，把在书桌前完成的事和身体运动搭配起来。

根据经济学中的边际效用递减法则，当一个人想要吃比萨的时候，第二块和第三块的美味程度和给人的满足感肯定不如第一块。也就是说，人们会对重复的事情感到厌倦。学习重要，但是一直做和学习有关的事会让人疲劳和反感；游戏有趣，但如果始终在玩游戏也会让人感到厌倦。因此，效率固然重要，但合理安排事情的先后顺序更重要。

2. 闪卡（flash card）学习法

学习是一件无时无刻不在进行的事情，不拘泥于教室，而是存在于生活的各个角落。如果想要关注生活中的学习，闪卡是一个不错的选择。闪，就是大脑灵光一闪的反应。作为一种便携式工具，闪卡可以随时触发学习开关，不仅有回顾知识的作用，更能调动大脑进行多次思考。

闪卡有两个非常明显的优势——就地取材和随时随地。

先说就地取材。我们既可以选用手掌大小的方形或长形彩纸、便利贴，或是现成的活页便携本作为载体，相对详细地记录需要记忆的知识点及相关要素，也可以“简陋地”从笔记本上撕下一页或一角，简单快捷地写上公式、图形、关键字或定理。

闪卡的另一个优势是“随时随地”。显而易见，闪卡因尺寸小巧而便于携带，能帮助学习者有效利用碎片时间，把原本繁重的学习任务分散到零散的时间块里，进行“无制约”回顾，减少焦虑情绪的产生。

闪卡的记录内容因学科不同而略有不同，一般来说正面写信息，背面写需要用到的知识点；正面写单词，背面写中文意思和用法；正面写题目和解题思路，背面写答案和相关知识。当然，使用方法完全可以根据学习者自身的需要进行变通，比如正面写一个单词及其中文意思，背面继续写另一个单词及其中文意思，只要求卡片的正反两面尽量聚焦同一学科的内容，以免思维出现混乱。

总之，闪卡的材料和内容可以依据实际情况来决定。假如时间充裕，我们完全可以把需要记忆的内容先分类分层级整理，然后选用不同颜色的纸张（包括不同颜色的记号笔）进行归纳和总结，装订成册，爱好画画喜欢动手的学习者还可以DIY（自己制作）闪卡封面和小插画，用赏心悦目的外观来激发自己的学习乐趣。这类制作相对规范的闪卡一般适用碎片时间比较集中的时段，比如上下学乘坐交通工具时、学校课间或周末休息时，记忆内容也可适当增多。

假如时间有限，我们也可以只用笔记本的一页或者一角，把需要记忆的内容誊抄在上面。这个内容完全是一个独立的存在，既不需要与知识体系相联系，也不需要做知识的迁移和联想，就是一个简单的“复制-粘贴”过程。这类制作相对简易的闪卡一般适用碎片时间零散、短的时段，比如在校的课间操时段，你完全可以用一张小纸条写下需要记忆的公式或定义，把它带在身上，时不时拿出来看一眼，并在往返操场的过程中加深记忆。

闪卡学习法在考试前尤为适用。我们都知道，备考内容十分繁复，但备考时间有限，如果能快速从众多教辅资料、笔记本、习题册中找出重点，是可以走在其他人前面的。试想一下，当别人还在埋头东翻翻西找找的时候，你已经从容地拿出了平日积累的闪卡，获得了关键知识点，你会不会因此感到自信和从容呢？我们还可以把重点题型贴在床头或随时能看到的地方，轻而易举地反复过目，让大脑直接跳过检索功能，有更多的能量去思考。

这里需要提醒的是，所有写在闪卡上的知识点，都必须在规定时间内记忆和巩固，一般要求“不过周”，即闪卡的内容一般只包含本周要吃透的知识点，一旦写好就必须在本周结束前将其理解透彻，千万不能把这周的内容拖到下周再去完成，长此以往，养成惰性不说，还会把简单知识拖成“疑难杂症”。

当然，闪卡虽好，效果也不会立竿见影。如同其他学习方法一样，闪卡的使用也讲究坚持。如果学习者能坚持半个学期左右（2~3 个月）就会看到进步，在不知不觉中将所学夯实。

五、团队作战，助个人目标加速实现

如果把学习看作一场旅行，那么我们除了要知道目的地（学习目标）在哪儿，明确交通工具（学习方法和学习技能）怎么选，肯定还希望有人结伴而行，所谓“独乐乐不如众乐乐”，这样的旅行才是圆满且有趣的。因此，相比一个人在学习之路上“单打独斗”，拧成一股绳的“团队作战”更能坚定学习目标，事半功倍。

就比如考研小组的存在，大家目标一致，约好每天一起自习，自习时集中在一个教室或者一个区域，有什么资讯一起分享，有什么消息一起核实，有什么疑问一起研究。每次在宿舍里想赖床的时候，小伙伴就会跑到跟前对你说“起床啦，看书啦，太阳都晒屁股啦”，这些玩笑话其实就是不经意的团队力量。当整个学习过程变成一场集体活动，大家你追我赶朝前走，反而有利于个体的成功。

再比如高中生，他们可以三三两两组成日常学习（复习）小组。组织者需要比其他人多准备一份计划表，写明小组成员每次的碰面时间、地点、学习（复习）内容、讨论主题等，方便小组成员提前做好准备。小组成员可以轮流担任组织者的角色，也可以分工完成这项工作，大家协商一致即可。

语文学习小组古诗鉴赏会

（选自 2018—2019 学年度天津 LS 能力训练营）

发起者：康 × 真（以下简称小康，高二学生）。

参与者：李 ××（以下简称小李，高二学生）、蒙 × 曼（以下简称小蒙，高二学生）。

主题：中国古诗风格鉴赏。

目的：熟悉不同流派的诗词风格，提升对诗词的鉴赏能力，提高考试对应题目的得分。

范围：豪放派、婉约派、田园派。

方式：每人选择一种古诗风格，找出代表诗句，分别从背景、心态、相关故事等角度进行讲述。

流程：小康作为活动发起者首先发言，他选择的是豪放派诗作《观沧海》。

《观沧海》

曹操（汉）

东临碣石，以观沧海。水何澹澹，山岛竦峙。

树木丛生，百草丰茂。秋风萧瑟，洪波涌起。

日月之行，若出其中。星汉灿烂，若出其里。

幸甚至哉，歌以咏志。

【向东进发登上碣石山，得以观赏大海的奇景。海水波涛激荡，海中山岛罗列，高耸挺立。

周围是葱茏的树木、丰茂的花草。萧瑟的风声传来了，草木动摇，海上掀起巨浪，在翻卷，在呼啸，似要将宇宙吞没。

日月的升降起落，好像出自大海的胸中；银河里的灿烂群星，也像从大海的怀抱中涌现出来。

啊，庆幸得很，美好无比，让我们尽情歌唱，畅抒心中的情怀。】

小康：各位小伙伴，这首诗是曹操写的，曹操“扶天子以令诸侯”，将汉献帝刘协紧紧地握在自己手里，号令天下。可是当时遇到了几个大的问题（此时小康拿出自己准备的地图册，用手指着），第一个是河北的枭雄袁绍，另一个是江东的霸主孙权，第三个是荆州刺史刘表，以及当时蛰伏在刘表麾下的刘备。曹操只有把他们都打败，才能一统天下。后来曹操在建安五年跟袁绍正式开打，大败袁绍，这就是历史上著名的“官渡之战”。再后来，袁绍去世，他的两个儿子逃亡乌桓，曹操又力排众议，平定乌桓。大军回师时，路过河北秦皇岛碣石山，曹操登上山顶，居高临海，写下了这首《观沧海》（背景）。

曹操的视野早已飞出碣石山，眼光投向了日月星辰和宇宙。这首诗气宇不凡，仿佛生命的价值不是用寿命来衡量的，而是用心中的壮志与敢拼敢闯的姿态来衡量的。通过这首诗，我们也感受到了曹操一统天下的雄心壮志（心态）。

曹操挟天子以令诸侯，不少人都骂他，名为汉将，实为汉贼。后来曹操写了一篇《让县自明本志令》，向天下人表明心迹，说“要知道，如果国家没有我曹操，不知道会有多少人称帝，多少人称霸”。毛泽东很喜欢曹操的诗句，认为他的诗句气魄雄伟、慷慨悲凉。

曹操在《观沧海》中说“秋风萧瑟，洪波涌起”，毛泽东却说“萧瑟秋风今又是，换了人间”。他们的诗句都代表了自己所在时代的理想与精神。

小曼：毛主席说的那句“萧瑟秋风今又是，换了人间”出自哪儿来着？我记得在高考题里有看到过这句话。

小康：是毛泽东的《 浪淘沙·北戴河 》！

小李：对，我也很喜欢这首词，最后这句“萧瑟秋风今又是，换了人间”有种穿越时空的感觉，这种隔空对话真奇妙。

小曼：是呀，那现在轮到我来分享我准备的婉约派代表诗吧。

……

值得注意的是，小组学习属于自发形成的精细化分层学习团队，组队容易，但成员构成要仔细斟酌。

首先，小组人数不宜过多，3~5 人较为合适。如果人数太多，众口难调，反而会把大量宝贵的时间和精力浪费在各种事情的协调上，得不偿失；如果人数太少，小组又很难营造出浓厚的学习氛围，致使抱团向上的力量太薄弱。

其次，学习者要优先考虑与自己学习成绩或排名相似、学习目标与学习习惯相似、学习（复习）进度相似的同学结成伙伴，大家方向相同、步调相近，合作起来才会愉快、顺畅，学习效率自然也更高。倘若小组成员都“自成一派”，学习目标不一致、学习习惯千差万别、成绩差距太悬殊，就会导致整个小组无法同频，结果自然是学习效率低下，学习进度缓慢，学习氛围低迷，反而失去了组队的意义。

所以，现在就抛出橄榄枝，试着去找一些志同道合的伙伴吧！对于学习者而言，团队学习既是双赢的选择，也会带来双赢的结果（图 2-3）。

综上所述，拥有明确的目标、达成目标的计划、达成目标的方法，以及并肩奋斗的伙伴，能让你更有信心地走在学习的“康庄大道”上。千里之行，始于足下，既然目标是学习状态的起点，那就让我们从现在开始，一起见证学习之路上的无数精彩吧！

图 2-3　各类学习小组

第二节 家校共建，轻松营造学习环境

在正式开始这一节内容之前，我们先闭着眼睛，设想一个场景：

一座千年古刹，依山傍岩而建，旁边还有一汪清泉。远远望去，寺庙里升起袅袅青烟，与从清泉上刮来的水雾糅杂在一起，宛如仙境，妙不可言。幽幽古刹佛号声声，僧人清扫落叶，让人心静神宁。此时钟声响起，梵音悠扬，生命的共振被开启……

此时的你断然不会大声喧哗，不会随地吐痰，也不会嬉笑打闹，因为此情此景让你心生敬畏，不敢做出不合时宜的言行举止，生怕打破了眼前的平静。而你刻意约束自己的行为，恰恰印证了环境对于人们的影响是巨大的。

一、“孟母三迁”，以环境刺激行为

我们可以把环境视为良好学习状态的孵化器，而良好的家庭环境则是孵化器的重要组成。如果我们把身处的环境视为一个巨大的“场”，那么在这个固定的空间里就存在着功能假设，就好像一个人到了食堂就会想吃东西，到了酒吧就会想喝一杯酒或唱一首歌，到了图书馆就想静下心来阅读一样，这种习惯会逐渐形成一种稳定的心理预期，而稳定的心理预期又会巩固习惯行为的发生。上一节内容提到的小组学习就是“场”的一种表现形式。

广为人知的故事“孟母三迁”也体现了环境对人的影响。孟子家住坟地附近时，他学到的是丧葬礼仪；身居闹市后，他学到的是买卖吆喝；直至最后搬到学堂附近，他才开始潜心向学。而孟母煞费苦心，两迁三地，就是为了给孩子创造一个良好的受教育环境，以帮助孟子走上学习的正途。

不可否认，每个人受到环境影响的程度是不同的，有的人能以自身能力适应环境，但对大多数人而言，还是容易被环境“牵着鼻子走”。因此，我们需要努力营造一个良好的学习环境，让人能在其中沉下心来更好地学习知识和技能，由此爱上学习。

尽管环境的重要性不言而喻，但遗憾的是，很多人当下的学习环境都不尽如人意：有的是因为家庭因素，孩子在屋里写作业，爸妈在外面喝酒、打牌、看电视；有的是因为个人因素，自己懒得收拾，房间内乱成一团，找个东西都费劲。在这样的环境里，还想保持长久的学习状态，这也太强人所难了，肯定过不了几分钟就会走神，坐立难安。因此，不良的学习环境很容易腐蚀人的学习状态，磨灭学习热情，让人变得浮躁沉郁，逐渐偏离既定目标。

高一学生肖艳面临的家庭环境就是这样的。她很难静下心来踏实学习，容易被周围事物所打扰。究其原因，她的书桌上总有很多无关紧要的物品，尤其是手机，总在不经意间吸引她的注意力；她的自制力也不强，一旦周围有风吹草动就会走神；她的父母经常呼朋唤友来家里打麻将，整个房间吵吵闹闹……

很明显，当所处环境杂乱无章时，人的精神就会涣散；如果环境井井有条，精力就容易集中。因此，学习者的当务之急是优化学习环境，趋利避害，依托环境的改变去带动学习状态的提升，激发自身向上的潜力。

一般情况下，学习者会在家里或教室中完成学业内容，所以我们先从家庭和学校两方面来谈谈学习环境的构建。

二、家风如春雨，润物细无声

前面我们提到了“场”的力量，那么在一个家庭中，父母及孩子（家庭主要成员）就是“场”的能量来源。

试想一下：

孩子正在屋里写作业，爸爸在客厅对着电话另一头高谈阔论；

孩子正在卧室里背课文，妈妈打开电视看综艺，客厅传来了动感的音乐；

爸爸坐在一旁玩手机，嘴里念叨着：“你看我干什么？我玩我的，你写你的，你就不能认真点嘛！”

妈妈叉着腰站在一旁数落：“把头抬起来啊，不怕眼睛瞎啊；把腰挺直了啊，以后长不高怨谁啊！”

孩子因成绩下滑被请家长，爸爸妈妈相互推诿，指责问题出在对方身上；

孩子想找父母倾诉心事，他们却推脱现在有事，让以后再说；

……

一个人在这样的家庭氛围中，还能保持一个好的学习状态吗？真是太难了！都说子女是父母的一面镜子，一个懒惰的父亲教育不出勤奋的孩子，一个爱撒谎的母亲培养不出诚实的子女。家长习惯了讲道理、立规矩，却忽略了“以身作则”才是最好的教育方式。尤其对于年龄小的孩子来说，再生动的“言传”都显得抽象空洞，唯有父母的“身教”才是最好的示范。

因此，良好的家庭环境除了要有窗明几净的居住环境，还要建立起良好的家风和家训。家风是一个家庭长期培育形成的一种文化和道德氛围，有着强大的感染作用。作为一种精神力量，它既能在思想道德上约束家庭成员，又能促使家庭成员在一种文明、和谐、健康、向上的氛围中不断发展。所谓“家风正，子孙兴”，如果把家庭比作土壤，把家庭成员比作禾苗，那么土壤肥沃，禾苗才会茁壮；土壤瘠薄，禾苗只会孱弱。

人生活在特定的家庭里，耳濡目染，必然会不知不觉地受到家风的影响和熏陶，其思想、品行、性格、气质，必然也会带有这个家庭的特征或痕迹。荀子曰：“蓬生麻中，不扶而直；白沙在涅（黑泥），与之俱黑。”可想而知，不良家风的摧毁力也是很强大的。

那么良好的家风应该如何形成呢?

良好家风的形成要经过 3 个阶段，每个阶段都是岁月打磨的过程，影响着家庭里的每一个人。

第一阶段：身教。家庭中的每个人首先应做到自省，去改正身上的缺点，不推责于他人；再由一位有思想、有德望的人作为主引，带领整个家庭走上正轨。这个建立总结的过程就是修身的过程。

第二阶段：家和。每个家庭的人口数量不一样，居住环境不一样，家庭背景不一样，经济状况不一样，那怎么才算是“和”呢? 这里的“和”更多指家庭成员要做到人心齐。一家人齐心协力，同舟共济，生活就没有迈不过去的坎儿。

第三阶段：传承。家风建立后，就应当在家庭中世代传承下去。不必刻意教诫或传授，家风是仅仅通过耳濡目染就能获得的精神气质。《魏书》卷九十一中的“渐渍家风”，就极为生动形象地诠释了这一过程。通俗地说，如果把家规看作是教化家人的教科书，那么家风则是长期教化后形成的结果。

三、校风打配合，共促成长

说完家庭，我们再来看看学校。学校应为学习者创造出最优的学习环境。只是在传统的学校教育中，学生的学习环境是封闭的，主要表现为学习场所局限于狭小的物理空间，课程内容与学习资源缺乏选择性，教学和评价以老师为中心。如今，随着技术的发展和社会的进步，学校教育也在进行相应的变革，力图为每个学生的个性化学习创建更加开放的学习环境。

北京大学经济学教授厉以宁每次给新生上第一堂课的时候都会问一个相同的问题："你到北大是来学什么的？"有人说是来学知识的，他说不对；有人说是来学方法的，他说也不对。如果最终没有人答对，他就会告诉你"是来开阔视野的"。的确，学校给学习者提供的应该是一个利于知识吸收、技能内化和视野开阔的环境，因此一所好的学校一定要具备良好的人文环境、浓厚的教学氛围、科学的教学体系、整洁的教学环境以及完备的师资力量。

我们再具体说说班级环境。如果说学校作为社会化机构，其变革周期较长，各种变化不会立竿见影，那么班级环境的提升就具有很强的可操作性。没有人愿意在一个桌椅乱放、满地狼藉、灰尘满天的环境里待着，更别说学习了。因此，我们首先要保证教室窗明几净、干净整洁；其次，多在班级里开展有利于学习者身心健康的活动，比如讨论会、经验交流会等，让大家不仅能通过活动陶冶情操、锻炼能力，还应更多地让同学们相互借鉴、互相帮助，总结出切合自己身心特点的学习方法和学习经验。这样既培养出了团结协作精神，也营造出了良好的学习环境。此外，我们还可以在教室布置上大做文章，通过视觉上的美感激发学生的学习斗志。例如，把大家亲手绘制的作品集中展示在宣传栏上，一定会有人备受鼓舞。一旦学习劲头提了上来，那些曾经面对学习很头疼的人就会有所转变，开始尝试自我调整，融入班级，投入学习，事实也证明这的确可以收到良好的效果。

四、从小事着手，关注当下

当然，无论是家风还是校风，我们更多表达的是一种期望，或者说是一种理想状态。现实生活中，学习环境很难尽善尽美，满足学习者的所有期待。无论如何，学习作为一种相对主观的行为，其更多的动力还是来源于自身，不能把学习中遇到的所有问题都怪罪于家庭环境或学校环境。我们能够去做的，是尽可能为自己创造出适合学习的环境。这样做并不会花费多少工夫，你完全可以从当下开始行动，从身边的细节入手。

1. 环境要安静

信息要储存到人的记忆库里，首先要经过编码，如果外界太过吵闹，涌入大脑的信息过多，那些没被注意到的内容就会“落选”，所以学习者要尽可能选择一个安静的环境进行学习，可以是卧室，可以是自习室，也可以去书店、图书阅览室，总之要尽量减少注意力的分散。

当然，绝对的安静在现实生活中很难实现，自然不必强求，只要能使人内心平静、可以心无旁骛地专心完成任务的环境就是一个合适的环境。

2. 桌椅要舒适

学习不是瞬间就能完成的事，需要长时间的付出，一套合适的桌椅能给学习者带来舒适的身体感受，帮助他们提升学习状态。

椅子的高度通常要让大腿与地面保持平行或者稍微高一些（如果太低可以找个软垫支撑起来），保证坐着时的主要压力由臀部的底部坐骨承受。椅子的材质不能太硬，也不能太软，最好带有一个比较直的靠背（建议选择人体工学椅），因为斜靠背会使背部变形。

桌子的高度最好为 70~80 厘米（儿童的为 60 厘米），书桌宽度一般为 80 厘米 ~2 米。

3. 书桌要整洁

书桌的基本要求是整洁、方便。学习时，不要把不相干的物品如零食、玩具、漫画书等放在桌面，把手机调至静音或震动状态放进抽屉。学习用具的摆放一般是桌面左侧放台灯，中间放电脑、笔记本和教材，右侧放相关资料，这样的分块布局，有利于学习者集中注意力。

4. 光线要柔和

从心理学角度来讲，一个人所处地方的光线强弱会在一定程度上影响一个人的精神状态。舒服的光线可以让人身心放松，提高学习效率。最好的光线是日光，所以可以把书桌放在靠近窗户的地方。需要晚上学习的人可以选择发光二极管台灯（LED 灯），灯光强度与室内灯光不要形成太大反差。台灯放在书桌左侧，使光线从肩部上方对着写字手的方向射入，避免灯光的反射和阴影。光源位置不正确会让双眼感到紧张，低龄儿童容易形成近视。

5. 坐姿要标准

良好的坐姿可以保证源源不断的氧气输送至大脑，同时避免颈部疲劳。眼睛距离书本的合理距离应保持在 30~35 厘米，见图 2-4。

图 2-4　正确坐姿

综上所述，良好的学习环境可以帮助学习者集中注意力，提高学习效率，不被纷杂之事干扰。而学习环境不仅需要家庭和学校携手共建，更需要学习者自己克服万难，从小事着眼。“一屋不扫，何以扫天下”，就让我们从整理自己的书桌、房间开始吧！

第三节 潜力之源，良好心态有神奇魔力

上一节我们强调了学习环境对人的影响。那么有人可能提出疑问：

我也想改变学习环境，可是我家里就那么大个地方，也没什么安静的去处，能做的我都做了，也没看出有什么效果啊！

我们遇到挫折难道就只能怨天尤人、唉声叹气吗？

答案当然是否定的！放弃和认命是一条没有尽头的下坡路，请记住，在任何一个时刻，包括现在，通过行动去改变命运的机会一直都存在。如果因为某些客观因素确实很难改善现有的学习环境，那我们就掉转方向，重新回归本心去找答案——从改变学习心态出发。

别忘了，良好的心态才是高效学习的内动力。

一、自诩“天才”的魔力

还记得在2016年巴西里约奥运会上成功出圈的“洪荒少女”傅园慧吗？凭借不错的比赛成绩、夸张的表情包和包袱不断的金句，她一度成为媒体的宠儿，其乐观、积极、敢于表现的阳光形象也给国人留下了深刻的印象。在一档真人秀节目里，傅园慧谈起了性格养成的原因。得益于开明的父母始终秉持鼓励教育，傅园慧从小就认为“我是最好的，我是最棒的，我是天才”。在节目中，傅爸爸提到了一件往事。就在傅园慧刚被选拔进入省游泳队时，队里一位小队员跑到傅爸爸面前“告状”：“傅园慧在游泳队里说自己是天才。”语气满是“嘲笑”。如果这种事情发生在我

们身上，我们可能会用开玩笑的语气将这件事掩饰过去，让小队员不要当真，但是傅爸爸没有这么做，他用很认真的语气回答说："她说的没错，我们傅园慧真的是天才。"

就是在这样不断自我认可的氛围中，傅园慧带着真实与洒脱走进了大众视野。她的自我欣赏、自我完善和自我超越，让我们看到了每个人的自我都有向上生长、向内聚合的可能，这种"自恋感"其实是一种内聚力，可以将自身与周围的所有元素为我所用。当一个人拥有强大的信念作为支撑，她就可以毫无顾虑地展示个性，不去在意外界的眼光，也会因为这份自信的根基而不惧挑战，直面挫折。

2017年，傅园慧在布达佩斯游泳世界赛上表现不佳，所有声音都在唱衰；2018年杭州世界短池游泳锦标赛，傅园慧完成女子4×50米混合泳接力比赛，打破亚洲纪录……竞技体育的起起伏伏，考验着每位选手的勇气和意志，也在向世人表明一个道理——强者不一定是胜利者，但胜利迟早都属于有信心的人。

这与人本主义教学理论中培养"完整的人"的主张不谋而合。人本主义认为，在力求"自我实现"这一动机的驱使下，人的心态会朝着积极健康的方向发展。而积极健康的心态是推动学习的内驱力，也是发掘学生潜力的关键，它使学习者思维敏捷、精神振奋，从而达到良好的学习状态。

二、多管齐下，做到"自信且主动"

我们通过一个简单的象限图（图 2–5）来分析一下不同学习心态下的学习状态及应对方法。

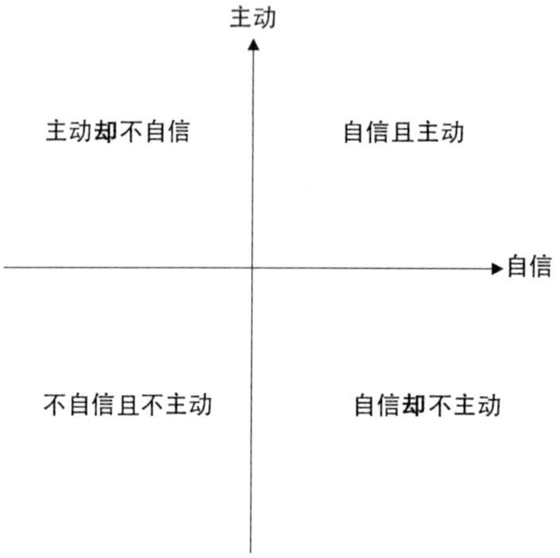

图 2-5 主动与自信象限关系

1. 自信却不主动

这种人的优点是非常自信（有时甚至是盲目自信），尤其是在每次考试后都自我感觉良好。问他“对考试有把握吗？”他会告诉你“没问题，所有题目我都做了，没啥问题”。但事实上，他们存在眼高手低的缺点，因为自认聪明，常常把聪明当作不努力的借口，真正静下心来学习的次数屈指可数。即使他们取得过不错的成绩，也不排除有侥幸因素，并非依靠真实实力。

对于这类学习者，我们需要帮助他们建立长期目标，明确现状与目标之间的距离，拆解任务后主要抓落实，使其重视努力和付出的重要性。如果家长有时间、有条件给予子女陪伴，可以跟进、监督其学习任务的完成情况，应把关注重点放在“执行”二字上，帮助他们养成脚踏实地的务实作风。老师可以适当提高测试难度，借挫折助其发现问题所在，由此引导学习者发现自己的不足。

当然，这个挫折不是说要特意设置困难，打击学习者的自信心，只是将未来可能遇到的问题提前置于学习者面前，让他通过预演有所重视。如果结果为好，就可以按照上述方法继续执行；如果结果不佳，就需要再根据实际情况做出调整（参照本书第三章第一节）。

2. 主动却不自信

这种人的表现是看上去学习十分刻苦，每天学到很晚，夸张点说，不是低头看路，就是低头学习，但换来的结果可能与预想有很大出入。每次考试就算准备很充分，也很难发挥出应有水平，这就导致他们总是处于自我怀疑的状态，很难建立起自信心。长此以往，挫败感堆积，学习状态自然受影响。

不自信的人也容易陷入焦虑情绪，尽管心里明白焦虑并不能解决问题，但仍然忍不住“自寻烦恼”。

马上就考试了，我感觉自己完了，上次考试就没有考好。

我原来成绩还挺好的，但是现在考试一次不如一次。

我总担心自己这次的名次比上一次低，但是结果也的确是这样的。

假期的复习对我来说就是一瞬间的事，感觉自己什么都没有学进去。

其实，日常测验无非就是用于验证近段时间的学习效果，它的作用应是服务于学习者，而不是让学习者疲于迎合，被考试所累。如果不焦虑，学习者说不定还能记住所有复习内容，发挥出正常水平；如果持续焦虑下去，自然就会心神不宁，让复习内容模糊掉。其实仔细回想一下，我们脑海中那些“惨不忍睹的场景”在现实中很少会真正发生，即使出现了一些糟糕的情况也不足以让我们万念俱灰，因此大可不必“自己吓自己”，把时间和精力浪费在应付沮丧的心情上。

对于这类学习者，我们需要帮助他们将长远目标拆解为多个短期目标，并将目标的难度调整为适中或者更简单；如果目标难度小，就要增多目标的设定频次，一旦学习者的状态有所改善再逐步提升难度。学习者可以参照本书介绍的三大学习习惯，找到对自己帮助最大的学习方法，全力以赴实现每一个小目标，享受成功带来的自信。

鼓励，是自信培养过程中必不可少的“养分”。“孩子需要鼓励，就像植物需要水”，这是美国教育家鲁道夫·德雷克斯（Rudolf Dreikurs）的一句经典名言。鲁道夫非常肯定鼓励的作用。而鼓励一般来自内部和外部两方面，就内部而言，学习者给予自己的心理暗示是不可或缺的。

我是最厉害的。

我比别人准备得更充分。

如果我不行，还有谁可以呢？

我做过比这个更困难的事情，所以这次也没问题。

我能面对风雨，不怕失败，谁也不能击垮我。

……

这些话建议学习者大声喊出来或在心里默念10遍以上，它不是说大话，也不是狂妄，只是因为这样的语言可以提升自己的士气，瓦解内心的害怕，为内心积攒强大的能量。就像德国戏剧家贝尔托·布莱希特（Bertolt Brecht）说的：“不管我们踩什么样的高跷，没有自己的脚是不行的。”

除了自我鼓励，我们也乐意获得来自外部的支持，但这里需要家长或老师注意鼓励和表扬的区别（表2-5）。鼓励是指鼓劲、支持，通常针对过程和态度；表扬则是显扬、宣扬，通常针对结果和成效。鼓励会帮助学习者向内获得成就感和满足感，拥有更充足的动力；表扬则会使学习者的关注点集中在外部或他人评价上，反而使其患得患失。

斯坦福大学著名发展心理学家卡罗尔·S. 德韦克（Carol S.Dweck）及其团队在10年的时间里，对纽约20所学校、400名五年级学生做了长期跟踪，以研究表扬对孩子的影响。

最初测试的第一轮实验中，研究者每次只从教室里叫出一个孩子进行智商测试，题目是非常简单的智力拼图，几乎所有孩子都能完成，并获得对应分数。研究者把完成测试的孩子分成两组：一组孩子得到一句关于智商的夸奖，即表扬，比如“你在拼图方面很有天分，你很聪明”；另外一组孩子得到的是一句关于努力的夸奖，即鼓励，比如“你刚才非常努力，所以表现得很出色”。

随后，孩子们参加第二轮拼图测试，有两种不同难度的测试可选，由孩子们自由选择。较难的那一种孩子会在测试过程中学到新知识；简单的那种则和第一轮测试相同。结果发现，那些在第一轮中被夸奖“努力”的孩子，有90%选择了难度较大的任务；而那些被表扬“聪明”的孩子，大部分选择了简单的任务。

表2-5　表扬与鼓励的区别

词语	表扬	鼓励
定义	表达令人满意的评价、认可； 美化，将完美归因于被赞扬的人	激发对方的勇气； 促进、鼓舞
指向	做事的人	行为
认可	只针对完成了的、完美的结果：“你做得不错。”	努力以及改进：“你的确尽力了。”“你对结果感觉如何？”
态度	摆架子，带有操纵性	尊重的、欣赏的
句式	评价句式：“我认同你的做法。”	自我指向：“我钦佩你的付出。”
例子	削弱人的自我成就感：“我为你得了满分而骄傲。”	肯定对方成就及其努力中的责任感：“这个分数反映出你的努力。”
结果	为他人而改变，总想寻求别人认可	为自己而改变；内省
方向	外在的：“别人会怎么看我？”	内在的：“我是怎么想的？”
目的	遵从：“你做得正确。”	理解：“你想到了、学到了、感觉到了什么？”

续表

	表扬	鼓励
对自我价值的影响	当获得别人认可时,觉得自己是有价值的	觉得自己有价值,不强求他人认可
长期效果	依赖于他人	自信、自立

第三轮，所有孩子都参加同一种高难度的测试，没有选择。可想而知，孩子们都失败了。德韦克回忆：“被夸努力的孩子在测试中非常投入，用尽各种方法来解决难题；而那些被夸聪明的孩子认为，失败是因为他们不够聪明，所以在测试时一直很紧张，抓耳挠腮，做不出来就觉得沮丧。”

最后一轮测试，难度与第一轮一样简单。那些被夸努力的孩子，在这次测试中的分数比第一轮提高了 30% 左右。而那些被夸聪明的孩子，得分和第一轮相比却下降了约 20%。

德韦克在研究报告中写道：“当我们夸孩子聪明时，等于是在告诉他们，为了保持聪明，不要冒可能犯错的险；而夸奖孩子努力、用功，会给孩子一种可以自己掌控的感觉。孩子会认为，成功与否掌握在他们自己手中。反之，表扬就等于告诉他们成功不在自己的掌握之中。这样，当他们面对失败时，往往束手无策。”

在后面对孩子们的追踪中，德韦克发现那些认为天赋是成功关键的孩子，不自觉地会看轻努力的重要性。这些孩子这样推理：我很聪明，所以不用那么用功。他们甚至认为，努力很愚蠢，等于向大家承认自己不够聪明。此外，她还看到，无论孩子拥有怎样的家庭背景，都受不了被夸奖聪明后遭受挫折的失败感。男孩女孩都一样，尤其是成绩好的女孩，遭受的打击程度最大。

3. 自信且主动

言归正传，既然我们的目标是成为一个“自信且主动”的人，那么我们就要明确“两条腿”的路线：一是给自己树立信心，二是把行动落实到位；然后保持这种状态，戒骄戒躁、踏实勤奋，将其融入学习的每个环节。要知道，事情的发展都是瞬息万变的，努力不一定会有好结果，但是不努力一定不会有好结果。

前文我们提到过学习环境的重要性，其实家风也是影响学习心态的因素之一。所谓“冰冻三尺非一日之寒”，任何事情的发生都有其潜在的、长期存在的影响因素。优良的家风能使家庭成员性格开朗豁达，遇事能够冷静思考，执行力增强，可以提升家庭成员的幸福感，这种幸福感不一定和经济条件挂钩，更多的是一种源自内心的充盈感，一种“遇事不怕事”的勇气，这对良好心态的养成是有积极作用的。

三、心态转变，行动加持

为了帮助大家更快地找到“自信且主动”的状态，我们可以再“接地气”一些，把心态“放进”听课、作业、人际关系等具体情境中，用积极思考的切入点来衔接学习动作。

1. 对待听课的心态

认真听课是眼下学习者接受新知识效率最高的方式，老师会在课堂上把知识的重点、疑点、难点和拓展点进行重点讲解。但此时的你如果自以为是地认为，只要预习过了就可以高枕无忧，那就真是大错特错了。

许多人对预习理解有误，习惯把它与“自学”画上等号，认为只要预习了就能掌握知识。

既然我在家里都学过了，自然也就学懂了，上课还需要认真听讲吗？那得多浪费时间啊。

老师讲的那些我昨天在书里都看到过，我这么聪明的人哪需要听两遍啊？有这个时间还不如睡会儿觉。

老师讲的还不如我自己看书来得明白，一会直接把题做了不就行了？

……

事实上，预习知识不等于理解知识，更不等于掌握知识。一般来说，预习只是对所学知识进行一个快速、简单的浏览，做不到深入和融会贯通，因此预习了也要通过老师的讲解答疑解惑，因为在你的认知范围之外一定还存在盲区；预习了也要再跟着老师的思路进行二次思考，这样才能加深对知识的印象和理解，避免囫囵吞枣。

当然，肯定会有人不认同这种说法，心想“就算上课没有认真听讲，我也把题目做对了啊，这有什么难的”，这种自以为聪明的做法或许能让你在低年级的时候应付难度偏低的内容，但它绝对不是长久之计，当你进入更高级别的学习时，面对难度更高的知识和更复杂的题型时，投机取巧一定会暴露出问题，让你无所适从。

总之，认真听课，掌握知识，扫除盲区，是学习者必须认真对待的事。我们真心希望大家能带着最饱满的状态和最谦虚的心态走进课堂，给予老师尊重，对自己负责，把知识真正学扎实，学透彻。

2. 对待作业的心态

我在课上都认真听讲了，写作业还不是手到擒来的事？

书上的知识我学得挺明白的，作业完成应该会很快。

怎么感觉这道题不会做呢？应该是超纲了，算了，不会做也没事。

……

其实上课听得明白和课后做得对作业完全是两码事；会做作业和在考试中拿到分数也是两码事。很多人以为课上听明白了就代表知识都学会了，高分就唾手可得了，其实不然。“听明白”和“会做题”中间是有很长的一段路要走的，“会做题”不一定“能拿分”，“能拿分”也不一定“能拿满分”。因为在限制了做题时长的高强度压力下，能独立完成所有题目，并按照评分标准拿满每一道的分值，是需要在学习期间稳扎稳打、落实每一个步骤才能实现的。

根据瑞士心理学家让·皮亚杰（Jean Piaget）的儿童认知发展阶段论，儿童从11岁开始进入形式运算阶段。这一年龄阶段的初中和高中学生开始具有系统思维能力，思维发展到抽象逻辑推理水平，能够摆脱现实的影响从而关注假设的命题，进行“假设—演绎”推理。与此同时，这个阶段所学的知识都不再流于表面，而是更注重知识的深入、迁移和联想，只靠听讲一遍是很难实现知识的吸收和运用的。因此，我们一定要明确作业的重要性，给予其足够的重视（甚至是以模拟考试的状态来完成它）。

一旦发现作业不会做，甚至不会做的还涉及老师讲过的内容或题型，那说明我们的日常学习行为是有问题的，一定要回过头去科学地从预习、听课、回顾等环节（详见本书第三章第一节）去发现问题并加以解决。

3. 对待考试的心态

我们在这里提到的考试，不是专指高考、中考、资格考试等大考或正式考试，而更多的指单元测验、模拟考试、阶段考试等日常小考。很多人对待这类考试都抱着“无所谓”的态度，从心里认定这类考试“不太重要”——既不会决定自己的排名，也不会决定自己的未来。

一次单元测试而已，搞那么紧张干什么。

其实我都没怎么复习就应考了，随便写写拉倒。

这道题不会啊！算了，别花时间想了，反正就是个小考试。

虽然还有点时间，但我懒得花精力检查了，就这么着吧。

……

的确，从表面上看，这类考试都不如大考正式，最终分数也不能决定升学或从业，但它们从本质上来说都是大考的预演，是大考获胜的基石。如果我们对小考不加以重视，那么在大考时就很难做到胸有成竹；如果我们对小考毫无敬畏心，那么在大考时就容易被惯性挫伤，这和“平时不练习写作，考试自然写不出佳作”是一个道理。千万不要认为小考无所谓，只在大考时投入精力就行。不认真对待日常小考，缺少端正的态度，大考是很难取得满意成绩的。

因此，我们既要以平时做作业的轻松心态来面对每一次考试（过于紧张会适得其反），也要拿出足够严肃的态度来对待每一次考试，借助小考为自己积蓄力量，以期在大考时打个痛快淋漓的胜仗。

4. 对待他人的心态

详见本书第二章第四节。

5. 对待顺境 / 逆境的心态

关注的角度不同，看问题的切入点不同，心境自然也会大不相同。就拿学习过程中遇到挫折来说，它除了会给人带来失望感，还会让人产生压力，但适当的压力其实反而会让我们的目标感更强，注意力更集中（比如越临近考试，效率越高），激发出我们战胜困难的勇气。内心强大的人自然不会被眼前的困难所打败，他们会冷静下来，从基本功做起，继续保持常规努力不松懈。但有些人会选择逃避，遇到头疼的科目就破罐破摔，甚至直接放弃；又或者临时抱佛脚，带着侥幸心理度过一天是一天，混过一科是一科。这种心态或许能给人带来短暂的快感，但最后的苦果难道不是自己来承受吗?

其实无论是顺境还是逆境，都是人生的体验，事物在不断变化，好与坏也会相互转换。顺境时得意忘形，逆境时垂头丧气，都不是内心强大之人的行为。正如张文宏主任曾分享自己对生活的感悟："时代的潮水总能跨过一个又一个山头，个人的命运也是如此。流水要争先，靠的是绵绵不绝；我们即便普通，但只要不下场，都会随着时代潮水不断向前。"

湖南省常德市桃源县第一中学学生孟丽娜

小时候总希望自己能一直一帆风顺，谁知道长大后才发现人生真是磕磕绊绊。年幼的我还能拿父母当挡箭牌，长大的我只能自己面对。好在我有一套独创的减压方法，能让我冷静下来，学会去思考，学会去解决。想知道具体怎么做吗？那就是大声朗读普希金的诗歌《假如生活欺骗了你》："假如生活欺骗了你，不要悲伤，不要心急！忧郁的日子里须要镇静：相信吧，快乐的日子将会来临！"

天津市第四十七中学学生张家川

人生有顺境也有逆境，不可能处处是逆境；人生有巅峰也有谷底，不可能处处是谷底。因为顺境或巅峰而趾高气扬，因为逆境或低谷而垂头丧气，都是浅薄的人生。面对挫折，如果只是一味地抱怨、生气，那你注定永远是个弱者，感受不到真正的幸福人生。

湖北省宜城市第一高级中学学生王菡

面对幸福人生，我们需要三种姿态：对过去，要淡；对现在，要惜；对未来，要信。人生的答卷没有橡皮擦，写上去就无法再更改，过去的就让它过去，否则就是跟自己过不去。真正属于你的，只有活生生的现在，只有握得住当下，才有可能掌控自己的命运。只有相信未来，相信自己，今天的你才能成就明天的你。

综上所述，心态决定思维，思维决定行为，行动决定成败。积极的心态能促进学习效率的提高，而消极的心态往往成为学习的内在障碍，因此学习者要努力保持自信且主动的状态，不惧学习中的各种挑战。但同时也要记住，心态重要，空想无益，实干才是终极王道。用好心态指导学习行为，我们期待着你的改变！

第四节　身处群体，人际关系助一臂之力

“没有人是一座孤岛，可以自全。每个人都是大陆的一片，整体的一部分。”17 世纪英国诗人约翰·多恩（John Donne）曾这样说。生活在当下这样巨大的社会文化环境中，每个人总是要与周围个体发生各种各样的交流与联系，形成各式各样的人际关系。

人虽然无时无刻不处在关系中，但在不同的关系里，自我角色是不一样的。有的人在陌生人面前说话会脸红，却能在家人面前滔滔不绝；有的人在公司勤勤恳恳，回到家却变得懒懒散散。由此可以看出，决定我们行为的不应该是个性，而是我们所处的关系。

那么，问题来了：人际关系也会影响一个人的学习状态吗？

答案当然是肯定的！

大量心理学研究表明，人际关系对人的身心健康、事业成功与生活幸福有重要影响。人际关系的好坏反映人们在相互交往中的心理满足状态，以及人与人之间心理上的距离。因此，人际关系是影响学习状态的重要因素，也是影响学习行为的根本问题。

简单来说，学习者的人际关系主要由两部分组成：一部分是学习者主动关注的对象，通常是朋友、同学（异性）；另一部分是其被动关注的对象，通常是家人和老师。造成彼此关系紧张的原因有很多，有的因自身性格缺陷，难与同学打成一片；有的因被父母过分忽视或关注，产生了巨大的心理负担；有的因对爸妈教育理念不认同，加深了彼此误会；有的因不

满家长强势的做派，激发了逆反之心；还有的因不服学校管理，对老师产生敌意。比如，一个学生单纯地因为对某科老师印象好，就会在课堂上积极配合老师的教学工作，最后取得不错的学科成绩；但如果他对这个老师抱有不太好的印象，就有可能允许自己在课堂上走神、敷衍，最终导致成绩持续下滑。再比如，一个学生最近和同学们相处融洽，他的学习状态就相对稳定和积极，但如果最近和好朋友闹了别扭，就可能没心思听讲，对学习提不起劲儿……

无论何时，良好的人际关系都是一个人走向成功的必要条件，它不仅能够增加生活和学习的乐趣，更能够提高学习效率，同时在困难和阻碍来临时为你创造出更多的可能性。

一、问题层出不穷

事例 1 张某以总分超过重点线 60 多分的绝对优势考入了某重点高中，由此也产生了一种优越感。在日常与同学交往的过程中，他总是不自觉地扮演着“优胜者”或“领导者”的角色，居高临下地与他人交流，觉得自己高人一等。因此，他总是在不经意间与同学产生冲突和摩擦，伤害到他人也不自知。不仅如此，张某有时还不把老师放在眼里，对于老师的谆谆教诲，他都不以为意。久而久之，同学们开始疏远他，不愿意与之交往；老师也是各种无奈。在“离群索居”的孤独中，张某逐渐陷入了极度苦闷的情绪中。

事例 2 王某和李某本是一对好朋友，她们总是一起上学、放学，有着共同的兴趣爱好和人生目标，学习上互帮互助，生活中互相关心。后来，王某被同学们推选为班长，还被评为“校三好学生”，这些荣誉让李某的心理渐渐失去了平衡。她认为，王某和自己在学习成绩和工作能力方面不相上下，凭什么王某能获得这些荣誉，自己就“一事无成”呢？百思不得其解的李某，越想心情越糟，不满和嫉妒的情绪开始滋长。从此，曾经无话不说的好友开始渐行渐远，两人的关系也变得越来越紧张。

事例 3　刘某是一个成绩一般、性格内向的女孩，上课时从不主动举手回答问题，即使回答老师提问也总是低着头，声音含糊不清，脸蛋涨得通红。课间，她总是自己安静地坐在自己的座位上发呆，拒绝同学们一起玩耍的邀请，在班级里显得格格不入。为此，她曾受到过不良学生的欺负，但她不敢去找老师和家长反映问题，只是一个人默默忍受，性格变得越来越孤僻。

通过上述例子，我们不难发现，尽管良好的人际关系可以帮助人们获得物质和精神的双重满足，但遗憾的是，现实生活中并不是所有人都能拥有良好的人际关系，也不是所有人都能处理好人际关系。

人际关系问题多种多样，涉及方方面面，但事实上它并没有我们想象中的那样可怕。找准自己的角色定位，实现有效沟通，是解决人际关系问题的前提和基础。所以我们将在这一节里给出建议，让你知道“在与人相处时，我该如何去做”，防患于未然。

二、如何让困惑迎刃而解

◆ 遇人遇事胆小怯懦

或许是从小跟着奶奶长大的缘故，小青虽然乖巧懂事，但胆子很小，不善于与同学交往，见到男孩子更是容易害羞。有一次，她受邀参加同班男生的生日聚会，一到会场就显得慌张失措，不知道该如何与周围人交谈。好在到场的其他同学都十分热情友善，会主动拉着小青聊天，帮她减少了不少紧张感。随着时间的推移，小青觉得自己越来越自然和随意，更愿意尝试主动找话题和别人聊天。

无论男生女生，如果成长期间与男性接触太少，性格或多或少会变得内敛（这里强调：父亲的陪伴和榜样力非常重要），加之家里老人的过分保护，会使人怀疑自己对力所能及的事物的掌控能力。胆怯的原因无非有二，一是不够勇敢，二是不会拒绝。前者需要培养自信，别轻视自己，别找退缩的理由；后者需要明确底线，掌握人际关系的主动权。

◆ 面对他人成就心生嫉妒

从前有两只鹰，白鹰飞得高，飞得远，且羽毛丰满，这让黑鹰十分嫉妒。有一天，黑鹰遇见了一个猎人，请求他帮助自己将白鹰射下来。猎人告诉它："你必须把自己的羽毛拔下来给我，我的箭才射得出去。"于是，黑鹰赶忙将自己翅膀上最长的几根羽毛扯下来交给猎人。但因为白鹰飞得太高，猎人的箭怎么也射不到，失败了好几次。黑鹰不甘心，又拔了好几次自己的羽毛交给猎人，希望能重创白鹰。然而最后，黑鹰眼看着自己羽翼不再，不仅飞不起来了，还成为猎人的囊中物。

嫉妒是因别人优越而折射出自己缺陷所引起的一种愤怒情绪，其根源是欲望无限。一个从未受过挫折或拒绝的人，无法正视人生中的哪怕一丁点失败。学会爱自己，发展自己，让个体具有足够充足的感情去拥有感激的能力，便能够抵消竞争和嫉妒。

◆ 遭遇校园霸凌

2022 年，一段男生疑遭校园欺凌的视频引起关注。在约 10 分钟的视频中，施暴者反复要求一男孩下跪道歉，并多次威胁"你是不是想死？""跪这！跪这！我说话不好使了是不是？"其间，施暴者还多次对该名男孩扇耳光、用脚踹，甚至打断了一根拇指粗细的棍子。而旁观者们不但没有加以阻拦，反而全程配合把门望风。施暴行径令人愤怒。

对青少年而言，校园霸凌带来的身心损伤是巨大的。我们要学会保护自己，勇敢向家人和老师陈述事件始末；在日常生活中建立有益的人际关系，不要让自己孤立无援。家长在面对类似事件时要保持冷静，不批评，不否定，给予孩子共情和接纳。

◆ 网络成瘾难以自拔

张强在自己的小学阶段不知道网络游戏为何物。直到小升初的那个暑假，他才按捺不住好奇心，开始和同学们一起玩网络游戏。这一玩，张强就像进入了一个奇幻世界，不再为作业发愁，更不再为成绩担忧，原本没有考上重点初中的抑郁心情也逐渐烟消云散。然而，进入初中后的张强一时很难调整状态，无论是上课、下课，脑子里总是想着游戏，这就导致在小学阶段成绩尚可的他越来越退步，与班里同学的关系也日渐疏远。

要想减少对网络游戏的依赖，我们可以先从培养多种兴趣爱好、享受健康的户外运动开始，多去经历和体验世间的美好。父母对孩子要适度管理，多给予耐心、陪伴和鼓励，这也是对家长的一种考验。

◆ 与父母发生矛盾

在电视剧《小欢喜》中，宋倩和乔英子是一对让观众看着有些揪心的母女。在别人眼中堪称“学霸”的乔英子，在强势妈妈宋倩的眼中总是不够努力。为此，妈妈把学习计划填满了孩子的假期，逼孩子参加自己不喜欢的活动。热爱天文学的乔英子一心想要报考南京大学的天文专业，但宋倩却认为北大、清华才应是乔英子的目标。母女俩为志愿的事情吵了好几次，宋倩一气之下还把乔英子梦寐以求的南大冬令营改成了清华夏令营。表面上屈服的乔英子，内心升起了前所未有的抗拒叛逆感，痛苦压抑的情绪油然而生。为了逃离父母，乔英子最后以跳海相逼。这一段剧情，可谓亲子关系两败俱伤的典型。

生命的起源来自父母，他们在言语和行为上的不当之处，并不足以成为你叛逆、对抗的理由；多向父母表达爱意和谢意，会让父母更愿意理解你、尊重你。当然，父母也要懂得站在平等的角度与孩子对话，不要总以大家长自居，过于干涉孩子的生活。正如黎巴嫩裔美国诗人纪伯伦说的那样：“你可以给予他们的是你的爱，却不是你的想法，因为他们自己有自己的思想。”

◆ 与老师产生冲突

自习课上，正在读初二的小舟因为帮同桌解答疑问，被班委以“扰乱课堂秩序”为由记了名，并被罚抄课文。小舟不愿意接受这样的惩罚，在辩解过程中与班委争吵了起来，惊动了老师。老师为了维护班委权威，默认了班委的惩罚行为。当着全班同学的面，小舟坚持质问老师：“我明明是在帮同学解答问题，凭什么说我扰乱课堂，况且有那么多同学都在说话，为什么只惩罚我一个人？”老师被小舟问得哑口无言，但也没有因此改变决定。双方就这样僵持着，事情始终没有得到圆满解决，这件事也成了小舟的一个心结。

老师是有师道尊严的，若与老师有不同意见，学生可以私下找老师解决，而不是与老师针锋相对，把对方视作冤家对头，更不要当着其他同学的面顶撞老师。在学校与老师发生冲突，我们要学会冷静处理，不要把顶撞视为彰显个性。

三、如何为人格增添魅力

小雨是个自尊心非常强的孩子，脸皮很薄，为此在与同龄人、父母相处的过程中，他容易恼羞成怒。有一次，小雨吃了很多饭，妈妈开玩笑说：“小雨，你这么能吃，我们家都快养不起你了。”妈妈无心的一句玩笑话，让小雨翻了脸：“如果不吃东西，我怎么长身体呢？再说，我吃得哪里多了啊！”听完小雨如同连珠炮一般的话，妈妈有些哭笑不得：“我就是随口一句玩笑话，你怎么还当真了。就算你吃成小猪，爸爸妈妈也高兴。”然而，属猪的小雨也不喜欢别人说他是“猪”，为此又是一番生气，妈妈也无奈得一言不发。

等双方情绪都缓和之后，在一旁目睹了整个过程的爸爸对小雨说：“小雨，很多时候一句话说得不对，就会导致事情朝着相反的方向发展。妈妈刚才是和你开玩笑，你却全当真了，还顶撞妈妈。如果你能换一种说法，就会得到不同的效果。”小雨有些愤愤不平。爸爸接着说：“如果你说‘妈妈，我吃得多，不正好说明您的厨艺好嘛’，你猜妈妈会怎么样？”在爸爸的引导下，小雨陷入了沉思，良久才说：“那样好像我和妈妈就不会吵架……”看着爸爸点点头，小雨还是有点不服气：“但是妈妈还说我是猪。”爸爸笑着说：“你本来就属猪呀。你可以对妈妈说‘幸好你提醒了我，不然我都忘记自己的属相了’。”听了爸爸的话，小雨忍不住笑了起来，心胸变得开阔了许多。

青少年正处于身心发展的关键时期，不但身体正在快速生长，心理也在从稚嫩走向成熟。为此，我们建议内外兼修，让自己建立良好的人际关系。

◆ 保持情绪稳定，戒骄戒躁

遇事产生情绪波动是再正常不过的事情，但很多人常常因抗压能力较弱而容易情绪失控。对此，家长要理解，更要以身作则，学习者本人也要提醒自己，学会控制，遇事调整呼吸可以快速平复心情，最大限度地维护好人际关系。

◆ 被激怒后能做到不卑不亢

恶劣冲动的言行会像一把尖刀刺入他人内心，遇事不被激怒才能更好地思考前因后果，找出解决办法。不卑微、不逃避，可以让我们具备更多直面困难的勇气。

◆ 做到平等、尊重，学会倾听

所有人都需要被尊重，都需要被平等对待；学会倾听、尝试沟通、勇于道歉，能让彼此的关系发生微妙变化，让感情在潜移默化中升温。

◆ 原谅他人更快乐

原谅他人，淡忘过错，不斤斤计较反而能让自己变得豁达开朗，收获更多。

◆ 爱笑的人运气不会差

微笑可以给别人带去快乐，也能给自己带来快乐；爱笑之人的人生处处有惊喜，处处有奇迹。

四、如何使言语变得动听

一天中午，小鲍和寝室同学正在食堂窗口前排队买饭。由于正值饭点，窗口前排队结账的人很多。这时，有个女生走到小鲍面前，说自己有急事要处理，想要加塞儿。寝室同学不愿意，但又抹不开面子，正准备忍气吞声。这时，小鲍和颜悦色地对那位女生说：“同学你好，你看，其实大家等在这里都很着急，就算我们同意你插队，可我们后面还有其他人呢，要不你也去征求一下其他人的意见。如果他们都同意你插队，你就站到我前面来；如果他们不同意，那你最好抓紧去队尾排个队，或者去其他人少的窗口看看，毕竟我们的态度不能代表后面排队的所有人，你说对吧？”经过小鲍这一番表达，加塞儿的女生自知理亏地离开了。

沟通是人际交往的桥梁，如果不懂得沟通，就容易与他人产生误会。沟通不等于喋喋不休，也不等于讨好或强硬。我们建议大家以尊重与平等为基础，以倾听为前提，以实现真正的、有深度的有效沟通。

◆ 表达需要有条理

很多人说话逻辑混乱，东一句西一句，自己讲得费劲，对方也听得疲惫。如果表达的内容还没“营养”，愿意与之交流的人自然越来越少。所以，说话之前最好先整理好思路，抓住表达的重点；平时多看书，积淀底蕴（讲故事是锻炼说话条理的好办法）。

◆ 晓之以理，动之以情

无论是安慰他人还是说服他人，都需要满足对方的情感需求和理性需求。不要强迫对方接受你的观点，多用大众思维或借助权威声音进行引导，使对方心服口服才有意义。

◆ 赞美要有特点

赞美首先要真诚，不要表里不一或态度轻率；要有理有据，符合当时的实际情况。一个善用赞美技巧的人并不会刻意去赞美，而是在不经意间将赞美之词说出来。并不是全部的赞美都需要费尽心机去迎合对方，也不是全部的赞美都需要挖空心思去使用那些华丽的辞藻。

◆ 把话说到心坎里，把事做到眼睛里

将心比心，学会站在他人的角度思考问题，这样说的话、办的事就能更恰到好处，与他人实现情感联动，提升自我幸福感。

◆ 尴尬要会打圆场

我们常常把一个人能否化解尴尬视作评判其情商高低的条件。突然遇到尴尬的局面，你首先要保持冷静，不要自乱阵脚，否则容易“此地无银三百两”；然后可以顾左右而言他，把别人的注意力分散到其他事物上。其实无论是幽默、自嘲，或是善意的曲解，都是为了使原本尴尬的气氛变得轻松起来，以达到化解尴尬局面的目的。

综上所述，人际关系对学习状态的影响是显而易见的。我们既要重视良好人际关系对学习者产生的积极作用，也不能忽视不良人际关系给学习者心理造成的不安与伤害。我们要抱着真诚、积极的态度与他人相处，遇到困惑及时解决；家长和学校也要为学习者人际关系的搭建提供指导和帮助，让人际关系成为每个人的“成功秘籍”，而不是成长路上的荆棘。

第五节 多管齐下，作息饮食来保驾护航

老话说得好："要想学习好，先得身体好。"健康的身体是保持学习状态的重要保证，身体素质的好坏会直接影响人们工作与学习的效率。美国曾以得克萨斯州5所中学的1 200多名学生为样本进行研究，发现"孩子身体越强健，考试分数越高"。因此对于学习者而言，"怎么学"很重要，"怎么睡""怎么吃"也不容忽视。

人类生命的三分之一时间是在睡眠中度过的，而大脑消除疲劳的最主要的方式就是睡眠。睡眠不仅对身体健康的维持至关重要，同时也有助于认知技能的发展，比如注意力、记忆和情绪的调节。美国营养科学家朱莉娅·拉克利奇（Julia Rucklidge）和伯尼·卡普兰（Bonnie Kaplan）在《更好的大脑》中，探讨了营养与焦虑、抑郁、多动症等症状的关系，研究表明我们吃下去的东西会对情绪、逻辑能力、压力反应、成瘾性等产生作用，从而影响身体健康和心理健康。

除了睡眠和饮食，运动也是影响身体健康和心理健康的重要因素。"焦虑""压力""注意力"这些与学习相关的词语，几乎都与运动有关联。运动通过释放内啡肽来缓解紧张和压力，使人精神振奋；通过提高大脑的多巴胺、去甲肾上腺素和血清素水平，影响精力和注意力；通过带动肌肉的收缩与放松，提升睡眠质量。

在1985年，世界卫生组织将世界卫生日口号定为：健康的青年，我们最好的资源（Healthy Youth：Our Best Resource）。日常生活中对饮

食、运动和睡眠所做的小选择的作用比想象中的更加重要，正是这些细小的选择塑造了我们的生活。为此，我们倡导睡眠好、饮食好、运动好，在保证身体健康的前提下，形成独立健全的人格、自信自强的品质、和谐稳定的人际关系，为快乐幸福的学习和生活以及美好未来提供保障。

一、休息好，状态好

学习讲究效率，效率源于良好的作息。很多人在学习过程中做了大量工作，耗费了很长时间，但学习效果不尽人意，看似天天挑灯夜读，真正吸收的内容却屈指可数。研究表明，每天睡眠不足 7 小时的人易怒，易精神不集中，导致学习和工作的效率下降。这刚好印证了德国哲学家尼采的那句经典名言："在我们疲倦时，那些早已被征服的想法，会趁机攻击我们，疲倦夺走了我们的理智。"

事实上，睡眠是大脑进行日常排毒的有效手段，排毒可以让人变得神清气爽，有足够的精气神去迎接新一天高效的学习，表现出正常的性格和人格，这也难怪英国戏剧家莎士比亚会把睡眠比作"生命宴席"上的"滋补品"。因此我们建议，无论什么时候都要坚持定时就寝，争取早睡早起，尤其到考试季，更要遵循规律的生活作息，切勿透支身体。

当然，偶尔熬夜也是没关系的，但天天耗到凌晨一定不正确，可以试着把晚上的复习时间减少一小时，将其移到早晨，利用午睡或打个小盹儿恢复精力。总之，充足的睡眠和饱满的精神是提高学习效率的基础，希望下面的假期作息时间图（图 2–6）能对大家有所帮助。

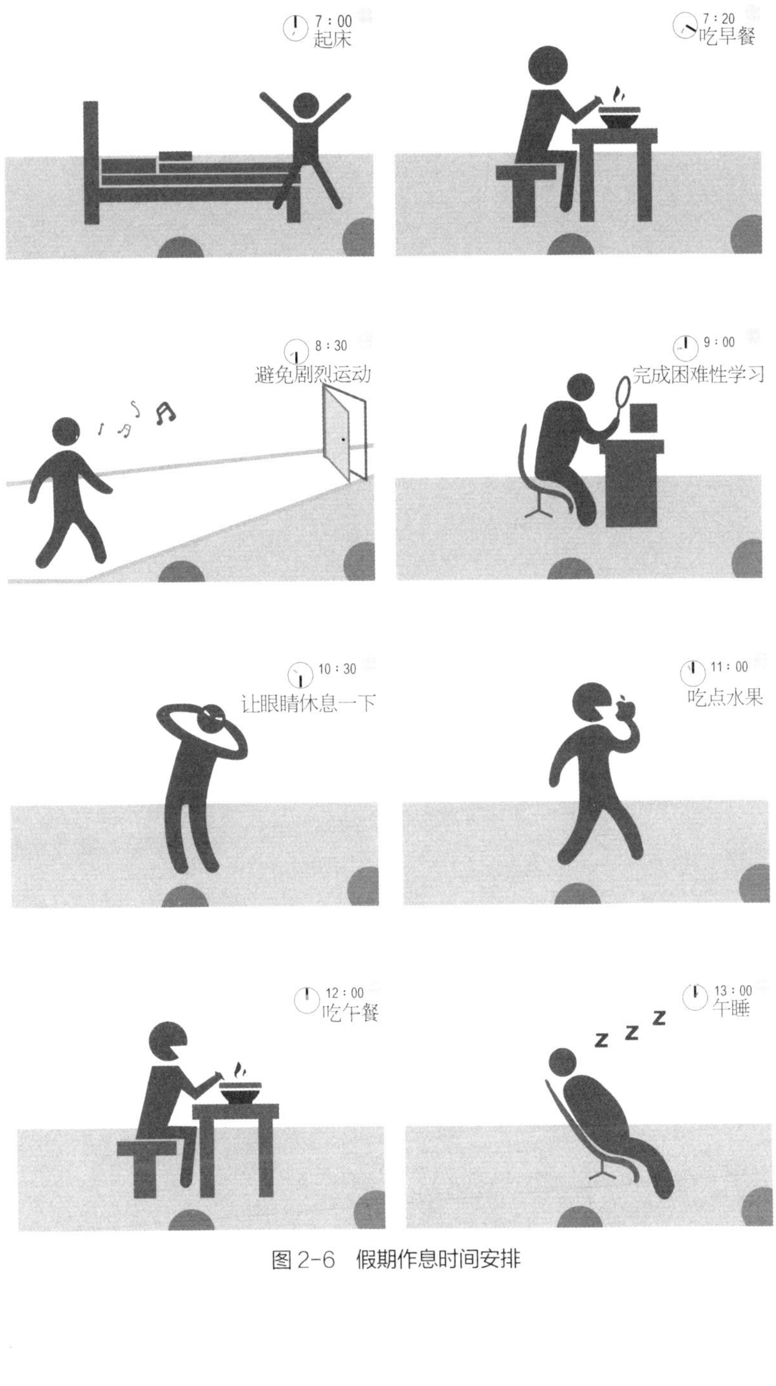

图 2-6　假期作息时间安排

图 2-6（续） 假期作息时间安排

二、吃得对，体康健

很多人为了在考试或竞赛中发挥出色，往往会在吃的方面动脑筋，不仅有五花八门的食补、药补，甚至还追捧一些坊间偏方。事实上，身体对饮食的适应是一个长期的过程，陌生和变化会加重身体紧张的程度，熟悉和不变则可使人放松，所以在不考虑病理原因的情况下，一般不主张刻意改变原有的饮食习惯。日常饮食只要做到合理选择，均衡搭配即可。盲目恶补只会让学习者在生理和心理上难堪重负，适得其反。

1. 科学的膳食结构

合理的膳食是指膳食中所含的营养素种类齐全、数量充足、比例适当，与身体的需要保持平衡。日常生活中，人们将必需食物分为五类。

第一类是粮食类，它是热量的主要来源。一般轻体力劳动者每天的摄入量以 300~500 克为宜，其余的热量由副食品供给，粮食类食物占热能供给量的 60%~70%，约占膳食总量的 32%。

第二类是富含动物蛋白质的食物，包括瘦肉、蛋、禽、鱼等。成人每天应摄入 70~100 克的蛋白质，较为理想的蛋白质摄入配比为动物蛋白占 1/4，豆类蛋白占 1/4，其余 1/2 由粮食供给。每人每天最好摄入禽、畜肉类 50~100 克，鱼虾类 50 克，蛋类 25~50 克。

第三类是豆、乳及其制品。因豆类富含蛋白质、不饱和脂肪酸和卵磷脂等，其精氨酸的组成接近人体需要。每人每天应补充豆类 50 克、奶类 100 克。

第四类是蔬菜、水果，它们是人体维生素、无机盐和食物纤维的主要来源。每人每天应摄入 400~500 克蔬菜，其中绿叶菜的占比在 1/2 以上；应摄入鲜果 100~200 克。

第五类是油脂类。油脂类可供给热量，促进脂溶性维生素的吸收。营养学家建议少吃动物脂肪，多吃植物油，按每千克体重每天摄入1克计算。

综上所述，以上五类食物长期缺乏任何一种都会影响身体健康，且膳食不宜吃得太精太细，更不要暴饮暴食。

2. 合理的膳食指南

（1）食物多样，谷物为主。各种食物所含的营养成分不尽相同，每日膳食必须由多种食物适当搭配，才能满足人体各种营养素的需要。如果动物性食物摄入过多会导致能量和脂肪过高，而膳食纤维过低会对一些慢性病的预防不利，因此膳食主体应以谷类为主，注意粗细搭配。

（2）多吃蔬菜、水果和薯类。蔬菜、水果和薯类对保持心血管健康、增强抗病能力及预防某些癌症起着非常重要的作用。水果不能完全代替蔬菜。

（3）常吃奶类、豆类或其制品。奶类是天然钙质的极好来源，不仅含量高，吸收利用率也高，能通过提高骨密度延缓骨质疏松发生。

（4）常吃适量的鱼、禽、蛋、瘦肉，少吃肥肉和荤油。肥肉和荤油摄入过多会造成肥胖、高脂血症。猪肉的脂肪含量远高于鸡肉、鱼肉、兔肉、牛肉等，应减少猪肉摄入的比例，增加禽肉类的摄入量。

（5）膳食宜清淡，不要太油、太咸。正常成人每日烹调用油不应超过25克（半两），食盐不超过6克。

（6）食量与体力活动平衡，保持适宜体重。

3. 食物搭配禁忌

饮食的营养主要体现在人体对食物的消化和吸收上，所以在进行膳食搭配时一定要注意原则和技巧。不适宜的食物一起下肚，不但营养成分不能被吸收，搞不好还会损害健康。比如蔬菜类中，白萝卜禁与橘子同食，也不宜与苹果、梨、葡萄等水果同食；胡萝卜不宜与西红柿、辣椒、石榴、木瓜等同食；红薯不宜与柿子同食，容易引起胃胀、腹痛、呕吐等，严重时可能会危及生命。

在肉类中，羊肉忌与南瓜、豆浆、乳酪、梅干菜、赤豆同食；牛肉不可与鱼肉、栗子同食；猪肝忌与黄豆、豆腐、鱼肉同食；猪肉忌与鲫鱼、虾同食；猪血忌与黄豆同食，否则会让人滞气。

在鱼类中，鲫鱼不宜与猪肝、山药、甘草同食，也不宜与芥末同食，否则会发生水肿；带鱼忌用牛羊油煎炸。

在水果类中，苹果不宜与海鲜同食，容易引起腹痛、恶心、呕吐；大枣忌与海鲜同食，会令人腰酸疼痛，也不宜与葱同食，会令人脏腑不合、头胀。

综上所述，身体是革命的本钱，也是一切的本源，没有健康的体魄一切都将成为空谈。在日常生活与学习中，我们要保证规律的作息和科学的饮食，为学习提供基础保障；尤其注意考前不要过分进补，以免物极必反。

大考前一周饮食搭配参考见表 2-6。

表 2-6　大考前一周饮食搭配参考

日期	早餐	午餐	晚餐	备注
第一天	牛奶、鸡蛋、苹果	菠菜粉丝汤、番茄菜花、清蒸小排骨	三鲜馅饺子、木耳拌黄瓜、玉米面粥	夏季可加餐绿豆汤;冬季可加餐银耳汤(夏季以清热降暑为主,冬季适量滋补即可)
第二天	牛奶、全麦面包、鸡蛋	米饭(粳米 200g)、糖醋鱼块、蘑菇炒青菜、鱼香肉丝、紫菜虾皮汤	米饭、五彩虾仁笋、胡萝卜青椒肉丝、家常豆腐、小排冬瓜汤	
第三天	牛奶、鸡蛋煎饼、生菜沙拉	米饭、芹菜干丝、蛤蜊蒸蛋羹、红烧大排、银芽鸡丝	米饭、干煎带鱼、木须肉、酱焖茄子、番茄蛋花汤	
第四天	菜包子、小米粥、鸡蛋	米饭、地三鲜、糖醋小排、炒基围虾	三鲜水饺、炒菜苋、油豆腐海带、榨菜肉丝汤	
第五天	花卷、牛奶(或豆奶、酸奶)、鸡蛋、水果	米饭、香菇黄花肉片、虾仁炒黄瓜、白萝卜海带排骨汤	小米稀饭、葱花煎饼、菜椒芹菜肉丝、西红柿炒蛋或拉面、面片	
第六天	玉米窝窝头、牛奶(或豆奶、酸奶)、鸡蛋、水果	米饭、肉末茄子、葱花土豆泥、排骨海带汤	小米稀饭、豆沙包、青椒肉丝、蒜泥青菜或拉面、面片	
第七天	馒头、牛奶(或豆奶、酸奶)、鸡蛋、水果(黄瓜)	米饭、香菇菜心、糖醋带鱼、家常豆腐、丝瓜汤	绿豆粥、虾皮冬瓜、肉末炒茄子或饺子、面片	

本章重点回顾

◆ 注意力、情绪和意志本身并不能影响人们的学习与生活，但受其支配的思维和行为却会给学习与生活带来巨大影响。

◆ 目标既是学习状态的起点，也是学习成果的终点。

◆ 相比一个人在学习之路上“单打独斗”，拧成一股绳的“团队作战”更能坚定学习目标。

◆ 环境是良好学习状态的孵化器。

◆ 学习者的当务之急是优化学习环境，趋利避害，依托环境的改变去带动学习状态的提升，激发自身向上的潜力。

◆ 良好的心态是高效学习的内动力。

◆ 心态决定思维，思维决定行为，行动决定成败。

◆ 人际关系是影响学习状态的重要因素，也是影响学习行为的重要问题。

◆ 良好的人际关系是一个人走向成功的必要条件，它不仅能够增加生活和学习的乐趣，更能够提高工作、学习效率，同时在困难和阻碍来临时，为你创造更多的可能性。

◆ 健康的身体是保持学习状态的重要保证，身体素质的好坏会直接影响人们工作与学习的效率。

第三章 发现教育本质，培养学习习惯

俗话说“习惯成自然”，不夸张地说，习惯有时就是影响命运的关键所在。

现在闭上眼回想一下你的成长经历，是不是行为影响习惯，习惯强化行为，行为决定结果？如果答案是肯定的，那么恭喜你，终于开始意识到习惯的重要性了，这绝对是一件好事情。

我国现代教育家叶圣陶曾说过，什么是教育？简单一句话，就是养成良好的习惯。英国哲学家弗朗西斯·培根（Francis Bacon）也说：“习惯真是一种顽强而巨大的力量，它可以主宰人生。”的确，习惯的力量是惊人的，既能载着人们走向成功，也能驮着人们滑向失败。学习习惯就是在学习过程中经过反复练习形成并发展的一种个体需要的自动化学习行为方式，既包括按计划学习的习惯，也包括专时专用、讲求效益的习惯，独立钻研、善于思考的习惯，预习的习惯和合理把握学习过程的习惯。放眼人生中的每一个学习阶段，良好的学习习惯都是让学习者如虎添翼的不二法宝，它能调动学习者的积极性和主动性，使其发自内心地喜欢学习这件事，而少走弯路。

此外，事物的运动发展是变与不变的统一，学习习惯同样如此。一方面，保持良好的学习习惯至关重要，它不仅有利于提高学习效率，更有利于培养学习者自主学习的能力，使人终身受益；另一方面，良好的学习习惯不是一朝一夕就能养成的，需要通过日积月累来固化，通过点滴渗透来优化，并结合学习的不同阶段、不同环境、不同状态做出相应调整。因此，我们要学会用动态的眼光去看待它。对于尚未养成良好学习习惯的人而言，当下就是改变的最好时机；而对于已经建立起比较好的学习习惯的人，也可以按照LS学习策略规划体系去优化学习的每一个环节，使学习变得更轻松、更高效。

本章将着重介绍日常学习习惯、考试管理习惯和错题管理习惯，这三大学习习惯也是 LS 学习策略规划体系的核心。

日常学习习惯是基础。都说“台上一分钟，台下十年功”，学习无捷径，功夫在平时，日常学习习惯的养成既能助力学习者在考试时取得好成绩，也能减轻其在错题管理时的压力，推动学习阶梯式向前。

考试管理习惯是提升。虽然考试管理习惯聚焦的是考试本身，但考前、考中两个管理节点是对日常学习习惯的检验，考后管理则直接对接错题管理习惯，为后者提供依据。

错题管理习惯是保障。错题管理习惯以试卷或习题册作为载体，既能梳理出日常学习和考试管理过程中暴露的问题，也能为解决这些问题提供有效指导。三者既各成体系，又相互关联，一环缺失就有可能导致其他环节暴露问题，存在风险传递。

既然“牵一发”就会“动全身”，那么我们自然要多管齐下，协同发力。不积跬步无以至千里，现在就开始吧！

第一节　五环扣，日常管理扎根基

美国教育家本杰明·布鲁姆认为，人的认知领域包括知道、领会、运用、分析、综合和评价 6 个层次，由此他提出了教育目标分类法。LS 学习策略规划体系在构建日常学习习惯这一模块时，借鉴了布鲁姆对认知的研究，并将其融会贯通到预习、听课、回顾、练习和总结五大环节中。

预习是学习的起点，也是培养自主学习能力的开始，能让学习者做好准备，掌控听课的主动权。听课是对预习的进一步拓展和深入，能让学习者在短时间内高效获取知识和重点。回顾是对听课内容的印刻和再加工，也是练习前的知识准备和心理准备，能让学习者赶在遗忘前巩固对知识的记忆。练习是对听课与回顾的检验和考核，能让学习者运用所学知识解决具体问题，并在这一过程中找到漏洞（可以回溯听课和回顾环节找原因）。总结是对知识的融会贯通，也是对学习的阶段性整合，能让学习者逐步完善属于自己的知识体系和题型体系，为新一轮学习周期指明思路和方向。

需要强调的是，尽管日常学习习惯伴随着学习者对知识的从陌生到熟悉，但学习者并非建立了良好的学习习惯就可以高枕无忧，后期依然会暴露很多前期没有出现过的知识问题，那就需要通过考试管理和错题管理进一步优化学习习惯。

一、预习：通览搭框架，提前知全局

相信大家看到图 3-1（a）就会想看到图 3-1（b）的全貌，因为它满足了人类求知、猎奇和探索的欲望。预习就是学习者通览课程全貌的必经之路，对应教育目标分类法中的“知道”层级。

（a） （b）

图 3-1 图片的局部与整体

（a）局部 （b）整体

如果把教学过程比作一组乐章，那么预习则是乐章的前奏，它能很快地将听者的情感带入欣赏境界之中；如果把教学过程比作一组画卷，预习则是画卷的扉页，它能很快地将观赏者带入幻想境界之中。因此预习的本质，就是大脑对教材或课程整体感知的过程。

整体感知是人类运用自己的以眼睛和大脑为主的感知器官认识世界的过程。在这个过程中，人们一般需要先通过眼睛识别认知对象，再根据大脑已有的知识及经验储备对其进行评估和判断，最终形成自己的知觉及概念，并把每一个识别瞬间所认知的零散对象作为一个整体进行感知。如果这个环节缺失了，就像建房子没有框架，修建是没有方向的；如果上课前不预习，缺少对所学知识的整体把握，就会影响课堂学习效率，削弱对知识的吸收。

2009 年湖北省高考理科状元汪烨

阶段预习法适合数学、物理、化学这样的理科学科，一章或一个专题的内容联系非常紧密，逻辑性很强，前面的基础打好了，后面学起来就很轻松。

2010 年辽宁省沈阳市高考文科状元王冬梅

我采用的课前预习方法为整体法。历史、地理等学科教材前后联系比较紧密，阅读难度不大，我都是在新学期开学前进行预习的。

（选自《高效学习方法全集》）

值得注意的是，很多人将预习误认为自学，这是完全错误的。这里的自学，是指将大量时间耗费在尚不明白或完全没学过的地方，死钻牛角尖，想靠个人力量把知识吃透，把疑难问题都解决。事实上，在教学周时间内，学习者有作业的压力，有社团活动的压力，有总结回顾的压力，有考试的压力，并没有留给预习太多时间，所以完全没必要在那些尚未学过的知识点上过于钻研。所谓“学起于思，思源于疑”，预习的重点是寻疑（并非弄懂），找到问题才有目标，有目标的学习就会事半功倍。

1. 时间可长可短，内容可繁可简

那么，究竟应该怎么做才算是落实了预习呢？我们根据不同学习者的实际情况，从单科入手，分别设计出寒暑假预习法、1 分钟预习法、3 分钟预习法和 8 分钟预习法供学习者参考，大家可根据自己的实际情况和学科难度进行选择。

我们先说寒暑假预习法。寒暑假既可以看作是上一学期的结尾，也可以看作是新一学期的起点。在这个时间段里，大量时间可以为我们所用，预习的安排可以灵活一点，内容充分一点。

◆ 通过教材的目录和序章（全书序章和每一章节前的导读），对全书有一个框架性的认识。

◆ 通读全书，了解教材的编排思路和大概内容。

◆ 明确教材里的新知识，将其与旧知识进行初步浅层次的联系，比如英语学科就可以归纳出生词、词组、语法结构和课文内容等。

◆ 了解拓展知识，比如与新知识相关的历史事件或政治事件等。

1 分钟预习法、3 分钟预习法和 8 分钟预习法（表 3-1）更多在新一学期开始后选用，无论你选用的是哪一种方法，都要明确 3 个原则，那就是：课程内容有什么（知识点），听课结果是什么（课程要求），听课过程用什么（工具）。

表 3-1　不同预习法的完成内容

准备工作:学具、字典、笔记本等	
运用手段:读、画、写、背	
1 分钟预习法	通览大小标题,标注段落
	速读全文,提取梗概
	大概了解知识点有哪些
3 分钟预习法	同“1 分钟预习法”
	通览后标注疑点
	借助已学知识尝试答疑(解答不出就忽略)
8 分钟预习法	同“3 分钟预习法”
	预做课后简单习题
	扫清生字、生词等简单障碍;衔接过往所学,找到新旧知识的联系

你可能会发现，在 8 分钟预习法中，“预做课后简单习题”是之前没有的环节。这时，可能有人会问：

简简单单预习一遍就要去做习题吗？

我才花了几分钟预习，怎么可能做得出题目呢？

我们真的有能力掌握老师还没有讲过的知识吗？

别着急！

这里提到的习题，大多指教材或习题册上的简单题，我们称其为“库存作业”。这部分内容难度小，只涉及基础，学习者按照 8 分钟预习法是完全有时间和能力提前完成的。习题预做并不要求非得计算出结果或是书写出答案，其核心思想是借助习题理清解题思路，因此在实操时难度并不大。但切记，预习终究不是上课，千万别在预习时对难题和大题“下手”，只做简单题和基础题就好！

习题预做的好处是能给学习者提供一些思路和方向，如果对知识的理解不全面、不正确，就需要利用接下来的听课环节去验证。如果每一天、每一课都能做到有效预习，就能节省后期对知识消化吸收的时间，长此以往，就可以跑在其他人的前面，拉开差距。更重要的是，预习可以让学习者把学习的主动权牢牢握在自己手中，提升学习积极性。

2. 学科不同，方法有别

看病讲究“对症下药”，预习同样如此。学科不同，对应的预习方法也不一样。有的人自认为完成了预习，但效果不尽人意；有的人明明对每一科目都有认真预习，但有些科目掌握得很好，有些科目却没有完全掌握。所以在预习时，我们除了可以按照上面的方法，根据时长来把握预习的内容，还要根据具体学科提高预习的针对性。

1）文科课程

文科可以选择提纲预习法，就是把将要学习的内容列成不同形式的提纲，将内容提炼概括为有逻辑联系的纲要结构，使之脉络清晰、层次分明、文字精练、观点突出。

◆ 语文预习的首要任务是扫清字词障碍，然后通读课文，整理好词好句；了解作者生平和文章的写作背景，这对理解文章大意、中心思想和思想感情等实质性问题有帮助；在时间或能力允许的条件下，还可以将自己对文章的感受写下来，加深自己对文章的理解，这对写作能力也是一种提升。

◆ 历史预习侧重课外资料的延伸，可以通过阅读一些相关故事帮助自己理解历史事件；借助图像、图表、表格使知识直观化、系统化、形象化，帮助自己理清知识脉络，加深记忆。

◆ 政治预习的重点在于对基本概念的记忆和理解，学习者平日要多关注时事，不断提高政治敏感度，加深对基本概念或政策的理解；借助图像、图表、表格使知识更加直观化、系统化、形象化，减轻记忆负担。

2）理科课程

理科课程的特点在于知识的连续性很强，很多知识细节都埋藏在平日的知识脉络中，所以数理化课程在预习时要学会对知识进行迁移，阶段预习、单元预习都是很好的选择。

◆ 数学预习的基础在于弄清每一个概念、公式和定理，不仅要背诵，还要知道每一条公式定理的推导过程和变式，同时对相似内容进行对比和总结。

◆ 物理预习的重点在于弄清楚公式中各个变量所代表的含义，注重把理论知识运用到实际中去。

◆ 化学预习侧重了解所学元素的特征，以及不同方程式之间的联系和推导过程，要注意把公式定理与实验结果相结合。

◆ 实验课（区别于理论课）是注重实践的课程，因此在预习时，学习者首先要明确实验的目的和意义，了解实验步骤，不断在脑中模拟实验的过程和现象，同时做到把理论知识迁移到实验活动中来解释所发生的实验现象，这样不仅能加深自己对理论的理解，也能加深对实验的认知和记忆。

3）英语

英语预习分为单词预习和课文预习两部分。预习单词可以先看课后的单词表，也可直接在课文中读不懂的地方做记号，这样便于把以前学过但是没有掌握的内容也一并找出来。读课文时，尝试用铅笔画出习惯用语、固定搭配，在了解课文大意的基础上尝试翻译课文，把不懂的地方标记下来。

简言之，预习作为系统学习的初始环节，是能使人终身受益的行为。预习的意义是为了帮助学习者有能力和信心去掌控后一环节——听课的主动权，知晓听课的重点和难点是哪些部分，注意力应该放在哪里，从而减少新课学习的障碍，使听课更具针对性，提高课堂学习效率。

二、听课：多感官联动，笔记强辅助

在日常学习习惯中，“听课”是承上启下的一个环节。预习时的困惑需要利用听课去解决，回顾和总结的重点需要利用听课来获取。2011 年河南省商丘市高考理科状元李兴光就回忆说：“我觉得平时上课要认真听讲，这个是最基本的，当然也是我的诀窍。”

1. 做到边听、边看、边思考

既然听课是掌握知识核心的关键环节，那么学习者要充分调动起自己的眼、耳、口、手、脑，利用多感官刺激来提升学习力。听课的核心是捕捉重点，探究疑点，因此边听、边看、边思考就是一种常用且有效的听课方法。

孔子曰“学而不思则罔，思而不学则殆”，听是被动的吸收，看是直观的印刻，思是主动的消化。边听边思可以在由被动转化为主动的过程中，逐步加深对知识的认识和理解；边听边看可以在接收声音传来的抽象概念的同时，结合图像强化具体的知识印象。听和看的内容应该保持同一性，不能听此视彼，分散注意力。只听不思考，录音机式地上课，囫囵吞枣，谈不上真正掌握了知识，更谈不上培养创造性的思维能力。

当然，很多人在听课之后，对于知识的掌握仍然会停留在知道层次上，这很正常，也不用太担心，因为课后还有回顾、练习和总结等环节能对知识进行回忆、识别、陈述和再现。

需要注意的是，学习者在听课过程中若有疑问一定要举手示意，经过允许再开口。上课时要积极回答老师的提问，群问群答、别人被问心中默答、例题预答，但不要乱接下茬，打乱老师的讲课思路，这样会影响自己乃至全班同学对知识的理解和吸收。在这个过程中，眼睛要跟着老师和黑板，耳朵要关注老师讲的内容，嘴巴要回答老师的问题，大脑跟着课程内容走。

2. 合理分配注意力

都明白听课是学习过程中的重中之重，但事实上，只有极少数人能够在课堂被动学习的状态下，保持 40~45 分钟高效、集中的听课状态。因此，我们要学会合理分配注意力，而不是在整个课堂中平均用力。

授课的一般流程是开篇复习过往知识，然后引入正课内容，接着教授课程核心，中间穿插练习、作业或小结。很多学习者的课堂状态是“前紧后松”：前半节课注意力集中，紧跟老师节奏；后半节课精力跟不上，不自觉就放松了。尤其是预习过的人，最容易把精力放在一开始那些容易理解和掌握的知识上，等感觉自己掌握得差不多的时候逐渐放松，反而忽略了课堂后半程的重点。

实际上，知识重点无论是出现在课程的前半程还是后半程，学生都要善于捕捉老师讲重点时给出的信号。比如：

◆ 老师开始放慢语速；

◆ 老师突然提高声调；

◆ 老师重复多次讲解一个知识点；

◆ 老师连续个别提问；

◆ 老师开始强调课堂纪律；

◆ 老师转身写板书。

当这些情况发生时，就说明重点出现了，学习者怎么也得打起120分的精神注意力了。若此时还有人不调整状态跟上老师的节奏，那可真是太愚蠢了。

那是不是说课堂整个 40~45 分钟之内完全没有可以放松的时间呢？

当然不是。我们可以利用老师讲课的间隙，比如写板书、准备投影、布置练习等空档时间迅速回看一下前面的内容，这既是对知识的巩固，也是对大脑的放松，审时度势也是学习的一种能力。

不过，大脑放松和我们常说的“走神”可不是一回事，这个度要把握好。大脑放松的前提是思路和状态依旧“在线”，只是在适当时间偶尔关注一下其他的、相关的内容；而走神是一种注意力不集中或是思想开小差的表现，它会影响对知识的吸收，不利于学习效率的提高。

3. 听课效果须检验

那么怎样才算是做到了“认真听课”呢？我们可以用以下几个标准来衡量。

◆ 听课和考试一样，保持着聚精会神的状态。

◆ 能独立推导出基本概念、基本原理、基本关系式的来龙去脉。

◆ 预习时不明白的地方得到了解决。

◆ 能复述课堂的重点和难点。

◆ 能辨析易混点和易错点。

◆ 除了教材上的知识，课后还能回忆起老师补充的其他内容。

如果通过自评，你认为自己能做到以上的其中四点，那就是“基本抓住了要点”，听课是有效果的；但如果没有做到四点，则你的听课质量是有待提高的，需要通过复盘听课过程来反思问题出在哪里。

4. 笔记让大脑变得“富有”

既然听课讲究多感官联动，那么笔记也是听课过程中的一个重要工具。笔记不仅是眼和手联动的产物，更是大脑多次调动的结果，帮助我们提炼课堂中的重点、难点和疑点。

1）注重专属性

我们知道，有声语言的网络和文字语言的网络在大脑中是独立存在的。朗读，是输入文字语言，输出有声语言；做笔记，是输入有声语言，输出文字语言。两者过程正好相反，但使用的大脑部位是一样的。一边听人说话，一边做笔记，意味着两种行为同时进行，那么大脑的两处网络都在积极地工作。尽可能地让大脑运转起来，不仅可以锻炼记忆力，还能提高理解力和总结信息的能力，因此我们也可以把笔记视为“第二大脑”。

正因为笔记呈现的是大脑世界，所以高效的笔记一定具有个性化的特点，是再加工的产物，而不是简单地抄板书，千篇一律。

◆ 笔记要详略得当，分清主次。如果不懂取舍，把老师讲的所有内容都详细记下，不仅消耗精力，也会淹没重点。

◆ 笔记切忌虎头蛇尾。别刚开始上课时记得挺认真，临近下课时又敷衍，无所谓，得不偿失。

◆ 善用表格和图像，思维导图是个不错的选择。图表杂乱无序没关系，自己能看明白就行。

◆ 不要为了笔记而忽略与老师的互动，有问必答（群问群答、提问别人自己默答）是整个课堂中都必须坚持的事情。

◆ 重点题型要记下，解题思路要写清。

2）巧用工具分区记录

笔记不仅是日常课堂的好助手，更是考试前的复习法宝。为了让笔记不再杂乱无章，有重点可循，我们推荐康奈尔笔记法——只需一个专门的记事本，按照特定比例做好分区，就可以轻松完成。

康奈尔笔记法又叫“5R笔记法”：记录（record）、简化（reduce）、背诵（recite）、思考（reflect）、复习（review）。它是美国康奈尔大学教授沃尔特·鲍克（Walter Pauk）等人发明的一种笔记方法。它把一页纸分成了三部分：简化栏、总结栏和主栏。该方法同时规定了每一个空间的用处（图 3-2）。

其中，主栏用来做笔记，遵循日常记录习惯就可以，一般随着老师的讲授在课堂上完成；简化栏用来归纳主栏的内容和重点，一般在快下课或课后马上完成；总结栏是用一两句话来总结这页记录的内容，是笔记内容的极度浓缩和升华，一般在课后甚至更晚时间完成。

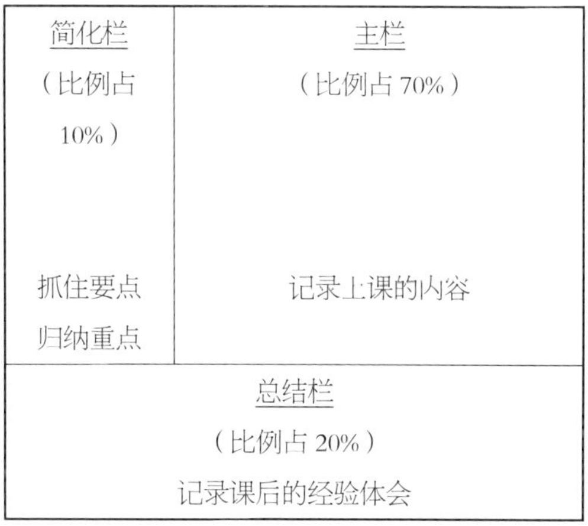

图 3-2　康奈尔笔记分区示例

康奈尔笔记法通常横向使用纸张，便于学习者分区。主栏可以借用思维导图的各种模板，以文字、数字、符码、线条等形式记录老师讲课的重点，使知识结构化。

思维导图是一种有效表达发散性思维的思维工具，运用图文并重的技巧，把各级主题的关系用相互隶属与相关的层级图表现出来，使主题关键词与图像、颜色等建立记忆链接。思维导图充分运用左右脑的机能，利用记忆、阅读、思维的规律，协助人们在科学与艺术、逻辑与想象之间平衡发展，从而开启人类大脑的无限潜能。

在思维导图中，每一个关节点代表与中心主题的一个联结，而每一个联结又可以成为另一个中心主题，再向外发散出成千上万的关节点，呈现出放射性例题结构。而这些关节的联结可以被看作我们的记忆点，如同大脑中的神经元一样相互连接。

文科课程可以选用课文题目、作文题目作为中心词，分支涉及中心思想、写法赏析、作者（平生、写作风格）、语言知识（文法、词汇）等内容。理科课程可以课程题目为中心词，分支包括基本公式、定理、延伸变形公式、基本例题、变形公式例题等内容。记录时可简化书写，不必过分讲究格式和规范，搭配创意小符号会更有效率（表 3–2）。

表 3-2　简写符号对照表

含义	符号	含义	符号	含义	符号
因为	∵	增加	↑	公元前	BC
所以	∴	减少	↓	公元	AD
大约	≈	举例	eg	重点	☆
结果	→	尤其	esp	疑问	?
原因	←	对比	VS	问题	Q
答案	A	正面影响	+	负面影响	−

以历史课“商鞅变法”为例，商鞅在公元前 356 年和公元前 350 年先后两次实行变法。在加强中央集权方面，他改革户籍，推行一夫一妻制，编制什伍组织，实行连坐法；废分封，行县制；制定秦律，焚诗书，明法

令。在富国方面，他主要废井田，开阡陌，实行土地私有制，允许土地可以自由买卖；其次重农抑商，奖励耕战，规定凡努力耕织、生产的，可免除徭役；最后统一了度量衡。在强兵方面，他废除世卿世禄制，鼓励宗室贵族建立军功，奖励军功，禁止私斗，鼓励全国人民上阵杀敌，建立军功。

这些内容全靠文字记录耗时耗力，且没有层次；结合思维导图做笔记（图 3–3），既省时省力，又能使脉络更加清晰。

简化栏需要学习者快速把课上最核心的知识点，以关键字、词组、短语的方式提炼出来，可以简化书写，自己能明白即可。这部分内容建议在课后立即完成，进一步加深对课堂内容的印象，同时也使头脑更加清晰。

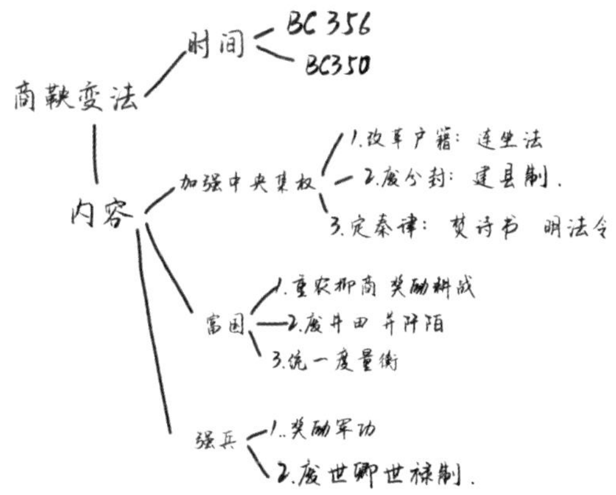

图 3–3　“商鞅变法”思维导图

仍以“商鞅变法”为例，学习者可以在简化栏中做如下标注。

◆ 背景：土地所有制改变，经济落后他国，各国变法。

◆ 时间：BC 356、BC 350。

◆ 内容：废除井田，土地私有；奖励军功，废除世袭；建立县制，中央集权；禁止废农经商。

◆ 意义：加强中央集权，加快社会封建化，奠定统一基础。

总结栏多为课堂或课后的感悟，可以在自习时或回家后花 10 分钟左右的时间完成。学习者要遮住主栏，依靠简化栏的内容来复述课堂内容，也可把重点和疑问写到这个区域，起到促进思考消化的作用。

综上所述，听课是学习者接受知识、掌握知识、理解知识和增长知识的重要环节。要想把知识学透彻，提高学习成绩，就一定要抓住课堂听讲这一关键要素。尤其在中学阶段，课堂学习的时间占了全天学习时间的三分之二以上，养成上课认真听课的习惯非常有必要。

三、回顾：打铁要趁热，温故而知新

温故而知新，这是两千多年前孔子留下的学习方法，意思是温习旧知识可以获得新的理解与体会，这句话直到今天也受人推崇。但在实际过程中，很多人重视“知新”而忽略“温故”，并没有将两者有机结合起来，导致知识掌握得并不牢固。

这与趁热打铁是一个道理，一定要趁着铁烧红时锻造塑形，即要抓紧有利的时机和条件去做该做的事。我们这里所说的回顾，就是对听课的“趁热打铁”。或许有人会问：“我确定自己上课听明白了，再回顾一遍不是浪费时间和精力吗？”在回答这个问题之前，我们不妨先来看看美国心理学家伊丽莎白·F. 洛夫特斯（Elizabeth F. Loftus）专门对“错误记忆”进行的研究。在她分享的案例中，有这么一个小故事。

主人公史蒂夫，31 岁，一家酒店的职业经理人，住在华盛顿州西雅图。一天晚上，他在开车回家时被警察拦了下来，原因是他驾驶的车辆和一位疑犯的车辆很相似，他所在的地点距离案发地点很近，他的长相也与受害者的描述最相符。庭审中，受害者的证词从“他看起来是最像的”变成了“我肯定就是他”，任凭史蒂夫再三申明自己是无辜的也无济于事，最终，史蒂夫被判有罪，随之而来的舆论让这个年轻人陷入了谷底，丢掉了工作，失去了家庭。

不幸的是，史蒂夫并不是唯一一个受别人的错误记忆所害的人。洛夫特斯介绍，在美国一项针对过去300件冤案的调查中，有225件都是受害者的错误记忆导致的（图3-4）。而这些无辜的人们在监狱中度过了10年、20年，甚至是30年，最后因为DNA技术的普及才得以昭雪。

为什么会出现这样的情况?

洛夫特斯认为人们的记忆不仅具有可塑性，还具有可重塑性——就像维基百科页面一样，你可以登录编辑它，别人同样也可以这样做。大千世界，错误的信息无处不在。而人们获得错误的信息，不仅是因为接收了误导性的提问，也可能在与他人交谈的过程中被有意无意地灌输了错误信息，这一切都有可能歪曲人们的记忆。

因此，当我们把目光转回到学习时就会发现，懂得回顾的人都是极具行动力的人，因为他们讲究乘胜追击，明白知识的遗忘是与知识的保持并存的一种心理过程，要通过回顾最大限度地避免对知识的遗忘。

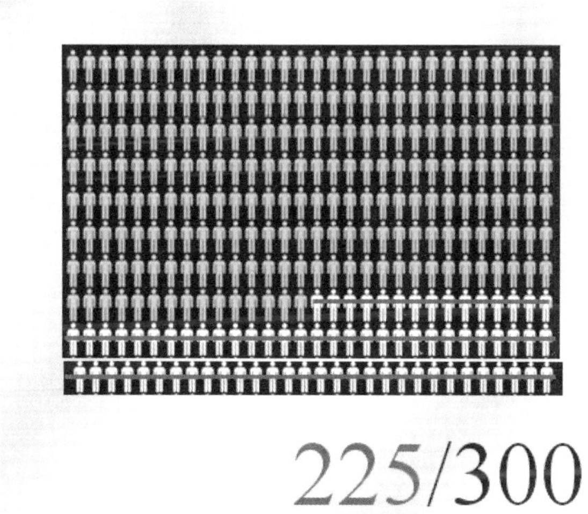

图3-4　错误记忆导致的冤案比例

回顾是复习的预演，但这里的回顾特指听课之后、练习（写作业）之前对当天所学知识的即时重温，和“考前复习”还有一定区别，后者将在本章第二节中做介绍。比如在写物理作业之前，我们要先回忆一下今天课上老师讲了哪些公式，适用怎样的情况，解题时用了哪些方法……这些问题全部想清楚了再开始动笔写作业，这样才能真正检验我们的学习成果。这个回忆的过程就是回顾。

1. 了解遗忘的规律

德国心理学家赫尔曼·艾宾浩斯（Hermann Ebbinghaus）曾将无意义音节作为识记材料，研究遗忘的进程和规律，得到遗忘曲线（图 3-5）。他发现遗忘在学习之后立即开始，20 分钟的遗忘率为 42%，一小时的遗忘率为 56%，一天之后的遗忘率为 66%。遗忘进程的发展是不均衡的，其规律是先快后慢（2~31 天遗忘率稳定在 72%~79%），呈负加速型；过了相当长时间后，几乎不忘。

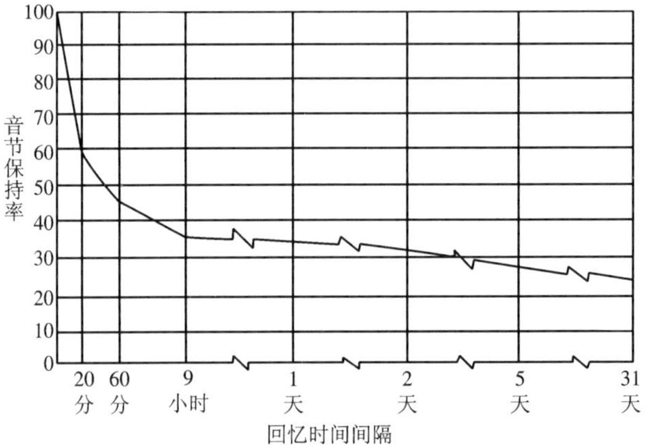

图 3-5　艾宾浩斯遗忘曲线

遗忘规律在学习中的体现使学习者在听课之后的短时间内就会面临一件好事情和一件坏事情：好事情是在刚学习完的 5 分钟内，他可以记住所学知识的 80%；坏事情是 5 分钟后，他开始进入第一个记忆遗忘节点。

显而易见，回顾的最佳时间是学习后的 1~24 小时，最晚不超过 2 天，在这个区段内稍加回忆课上的知识即可恢复记忆；过了这个区段，遗忘的比例达到 72% 以上，所以回忆起来就事倍功半了。这也是为什么会有人在单元测验时，感觉有些题“完全没学过”“见都没见过”。

2. 时间可自定，详略可调整

回顾可以选择在刚下课的 5 分钟内完成，也可以在学完知识 6~10 小时后完成，具体时段根据情况来定，具体时长也由自己把握。一般来说，需要回顾的内容分为两种，一种属于新授课内容，另一种属于习题课内容。学习者要为新授课内容建立起知识体系，为习题课内容建立起题型体系，两者既可以独立成型，也可以同步联动（图 3-6）。

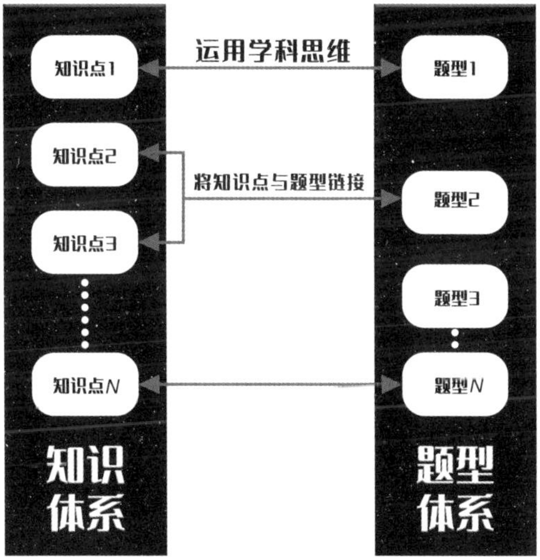

图 3-6 知识体系与题型体系的关系

1）快下课或刚下课时

我们把目光集中在快下课或刚下课的这个时段，看看只花 2 分钟左右的时间可以做哪些事。

◆ 回顾课程的主要内容是什么，老师复习的知识有哪些，核心内容是如何引入的，结论是如何总结的，课上习题的解题方法是什么，切入点是怎么找到的，有没有易混点。

◆ 总结学科思维，回顾老师运用了怎样的思维方式。

◆ 梳理本节课的知识要点，在大脑中建立知识体系。

2）课后或放学回家后

只要确保听课认真了，我们神奇的大脑足以在课后 2 分钟的时间内，回顾课上 40~45 分钟的内容。当然，如果你选择利用其他更充裕的时间来回顾也是可以的，步骤如下。

◆ 自认为对课堂知识掌握得不太好的人，可以先重看一遍教材和笔记，把所学内容通读一遍，这里可能涉及知识本身，也可能涉及解题步骤。接下来，你需要合上教材，将重温的内容按照自己的理解进行默写，查漏补缺。

◆ 自认为对课堂知识掌握得还不错的人，可以一边看书一边默写。这里要强调，边看边默不等于边看边抄。回顾的大忌是抄写，知识不过脑子实属自欺欺人。

◆ 自认为对课堂知识已经掌握得滚瓜烂熟的人，那就直接看一遍笔记，闭眼 5 分钟，在大脑里绘制一张专属的知识图谱。知识图谱可以单独成块，也可与旧知识关联，总之那是属于你的“独门秘籍”。

需要注意的是，回顾没有特定模板，它与笔记一样都是个性化的产物（图 3–7），学习者一定要认真且谨慎评估自身对于知识的掌握程度，切勿迷之自信，在明明没有掌握或掌握不透彻的情况下麻痹大意，考试成绩将最终印证你的回顾是否到位。

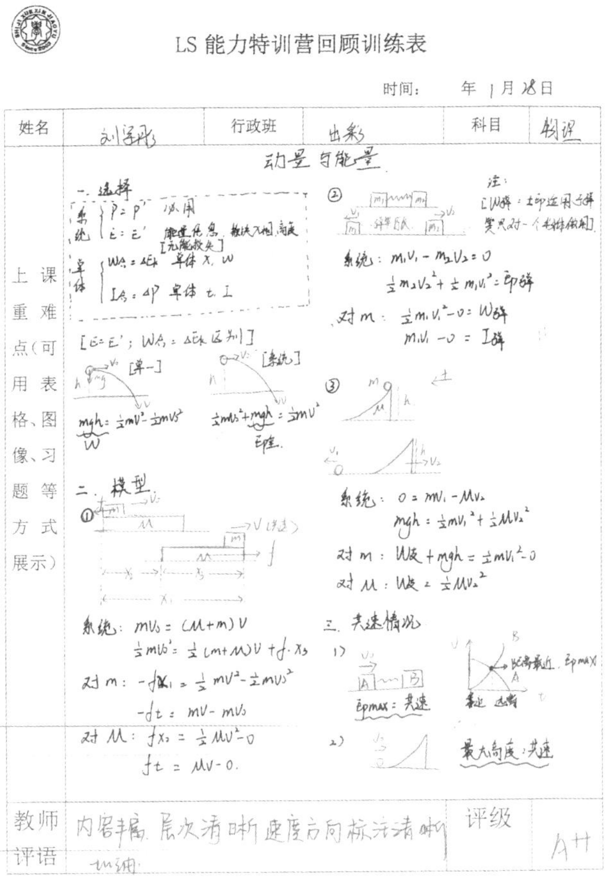

图 3-7　回顾训练表示例

3. 睡前“过电影”易行效佳

当然，如果你认为自己“一点时间都挤不出来”，也有办法，那就是利用每日临睡前躺在床上的那段时间“过电影”，通过回忆来“重播”某一堂课或者某一天的学习过程和学习内容。

我们知道，人在记忆时，先摄入大脑的内容会对后来的信息产生干扰，使大脑对后来的信息印象不深，这叫前摄抑制；后摄抑制与前摄抑制正好相反，是由于接收了新信息而影响了对先摄入信息的记忆，新信息干扰了旧信息。此外，人在睡眠时记忆并未停止，大脑会对刚接收的信息进行归纳、整理和编码，所以利用睡前这段时间进行回顾（不受后摄抑制影响），记忆内容变得更易储存。

1）有方法，可自成一派

“过电影”的方式操作灵活、简单，时间和空间的随意性较大，其好处也被很多优秀学生证明过，时间一长就能帮你成倍地提高学习效率。

2002 年考进北京大学政府管理学院的福建考生吴旭曾说：“我是住校生，每天学校到 10 点准时熄灯。可如今功课那么多，晚自习写作业都来不及，哪还有时间复习？后来我想了一个绝妙的办法：躺在床上，一节课一节课地回忆知识要点。”

他将自己的回顾举例说明如下。

第一节数学课讲了对数函数和分段函数，对数函数是指……分段函数是指……

第二节语文课讲了几种作文体裁，第一种是……第二种是……如何通过审题寻找其背后的含义……

第三节英语课讲了第二单元第一课，单词有……句型有……

第五节历史课讲了法国大革命，其背景是……过程是……意义有……重要人物包括……

第七节自习课，今天考了一张化学卷子，得了 92 分，丢分点在于化学式写错了几个，计算错了一处……

……

如果在睡前回顾时遇到了疑问，比如不能回忆起某一部分的内容，不明白结论是如何推导出来的，那就说明这里正是自己的薄弱点。我们可以等到第二天一早再来解决这些疑问，因为醒后不受前摄抑制的干扰，能重新提取前一晚“过电影”的内容。这时，你该看书看书，该请教请教，直到将疑问全部解决，实现重点记忆的效果。

2）没思路，可“种”思维树

如果你缺少回顾的思路，不妨借助思维导图。我们在前面介绍听课笔记时，曾引入了思维导图的概念，即运用图文并重的技巧，把各级主题的关系用相互隶属与相关的层级图表现出来，借助图像、颜色，将主题关键词与之建立记忆链接。

思维导图原本是一种可视化工具，但它依然可以在头脑中完成。当然，这并不是一个简单的过程，刚开始肯定会顾此失彼，想到后面忘记前面，但我们要坚信熟能生巧，毕竟任何一件事情的开始都不会得心应手。

简单来说，我们需要先确定一个关键中心词，也就是主题。这个中心词是有层次和特性的，可以是课文标题、一个定义，也可以是一个事件、一个原理、一个实验。这个中心词要如同漏斗一般，可以装入一系列关键图像。一旦触发，这些图像就会从中大量涌出。然后，我们要确定围绕关键中心词的分支，也就是从中心向四周散射的次主题，一级一级往外延伸。这就好比一棵树，树干是关键中心词，树枝是围绕中心词的分支，树叶就是分支中的知识点（图3-8）。

图3-8　思维树

不难看出，思维导图的重点不在于“全”，而在于“导”，体现的是头脑对繁杂信息的梳理和整合，我们要利用好想象力，结合色彩和图像对信息进行凝练，可参照图3-9进行尝试。

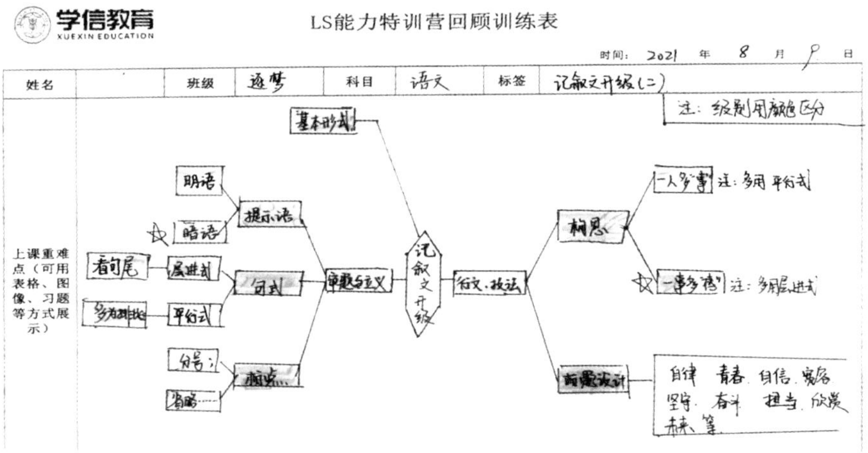

（a）

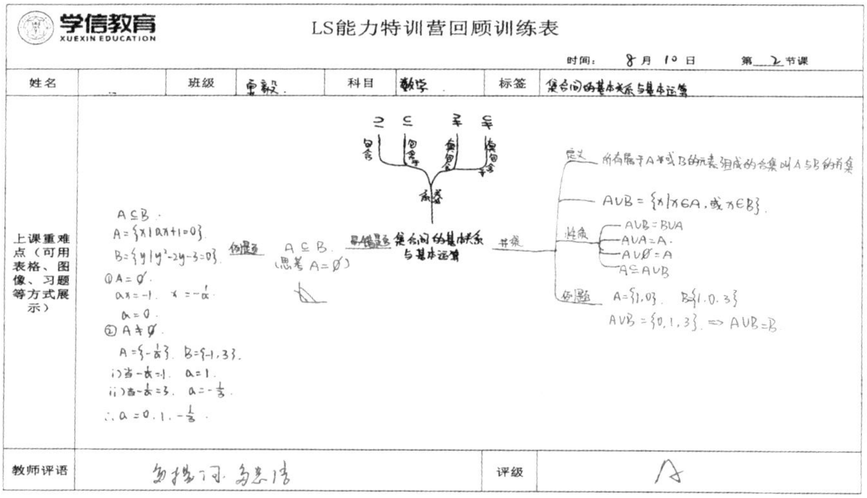

（b）

图3-9　思维导图示例

（a）语文；（b）数学

如果觉得思维导图掌握起来有点难度，也可以考虑先从简单一点的思维图示法（表3-3）入手。思维图示法包括重在联想、描述与对比的圆圈图、气泡图和双气泡图，重在分类与拆分的树形图和括号图，重在探寻发展顺序与因果关系的流程图和复流程图，以及重在类比与综合的桥形图。具体操作可参考相关书籍，这里不再赘述。

表3-3　思维图示法图例

八大思维图示法			
圆圈图	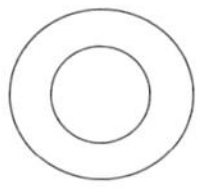	气泡图	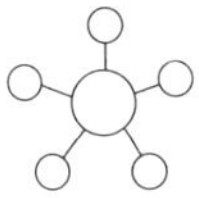
双气泡图	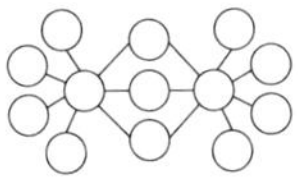	树形图	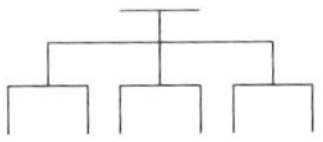
括号图	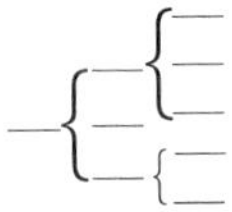	流程图	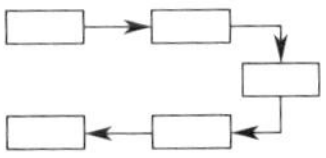
复流程图	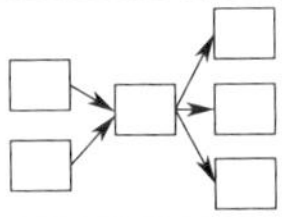	桥形图	

总之，切实落实“回顾”环节是有效减少知识遗忘的重要手段。回顾能够帮助学习者由知道走向领会，将知识从短期记忆转变为长期记忆，为之后的练习和总结做好预演。

四、练习：方法多样化，选择个性化

“练习”对应教育目标分类法中的“运用”，一般在“回顾”结束后进行，原则是将考试情境代入，其实质就是做好考试的训练。如果一个学习者通过考试发现知识性内容丢分较多，那就说明练习没有做到位。

练习的方法有很多，这里主要介绍三种——限时训练、限分训练和挑题训练。这三种方法并非三选一的“单选题”，而是讲究搭配组合——在“限分”的总领下完成“挑题”，同时结合“限时”，最大程度地解决学习者“不太会”“提升慢”等问题。

1. 习题先分类，“有的”才“放矢”

练习之前，我们先将习题按以下四种标准进行分类。

◆ 完全会：指熟练掌握知识点，能够轻松拿全分数的习题。

◆ 曾经会：指曾经做对过，偶尔又会出现错误，掌握得不够稳定的习题。

◆ 不太会：指掌握得模棱两可的习题，简单题型可能做对，复杂题型无从下手；能拿到一些步骤分，但很难拿到全分。

◆ 完全不会：指完全让人“一脸懵”、很难得分的习题。

正因为习题的种类不同，我们才不能对所有练习都一视同仁，而要善于抓住核心问题来区别对待——跳过那些完全会做的习题，把精力重点放在“曾经会”和“不太会”的习题上，尤其重点关注“不太会”的部分。完全会的习题反复做，完全是浪费时间，一点意义也没有；完全不会的题目反复练，只会摧垮信心，让人失去对学习的兴趣。而“曾经会”和“不太会”的习题也是本章第三节的优先管理部分。

1）限时训练

在精神分析理论中，人格结构由本我、自我和超我组成。其中，本我是指原始的自己，它是一切之源，按照快乐原则行事，追求个体的舒适。这就好比在我们的大脑里住了一只小猴子，它每天就想着做简单而有趣的事情，本来计划每天要背10个单词，但最后却是距离考试只剩2天，还有300个单词没记下来；或者明明计划用40分钟完成一篇作文，结果却断断续续花了两小时还没有完成。此期间，我们会不自觉地吃点水果，到处走动，上个厕所，玩会手机……总之，时间就这么不知不觉溜走了。好在我们是能够理性思考的人类，拥有情感和理智，当发现时间不够的时候，头脑中又会出现另一只怪兽，把那只爱玩的小猴子赶跑。那么这个时候，我们又会出现什么动作呢？——不吃不喝补作业，通宵达旦搞学习，假装进入一种忘我的状态，自认很努力。

限时训练的意义就是为了避免注意力的分散，从而提高做事效率。众所周知，考试是有时间限制的，它要求考生必须在规定时间内完成固定题量，我们必须收窄思维通道，并借助压力充分调动大脑，使注意力更加集中。但回想一下，我们面对考试和日常练习是一样的状态吗？肯定不是，你一定没想过要把日常练习当作考试去对待，因为你从心底认为练习不如考试重要。但事实上，练习就是考试的演练，如果平日抱着懒散无所谓的心态，考试时一定无法快速进入状态。

这和吃饭是一个道理，如果有一个小时的时间用于进餐，那我们会不自觉地看看手机、说说话，细嚼慢咽，逐一品尝；可如果留给你的吃饭时间只有短短十分钟，那你一定不会东张西望，只想大口咀嚼做个“干饭人”。时间限制的存在，会让大脑潜意识地控制人的行为，形成一种自动反应，让我们做事更加高效，而这就是限时训练的意义所在。

限时训练适用于试卷、习题册和题卡（图 3-10），需要结合之后介绍的挑题训练来操作。因为限时训练是一种常规训练，也是一种训练环境，需要明确目标分数，并且找准必拿分点进行训练。如果选择的习题难度不适合自己，那么限时训练就会失去意义。

训练方法要求在原有做题（单题）时长的基础上再压缩 30 秒 ~1 分钟的时间，节省出来的时间总量可以用来检查或消除杂念，以防考试时检查不仔细甚至根本没有时间检查，又或者写到最后思绪“飞走了”，开始“磨洋工”。

第 7 课时　商末尾有 0 的除法

1. 直接写出得数。（建议3分钟完成）

4000÷8=	0÷7=	200÷4=	90÷9=
240÷3=	5400÷9=	26÷2=	30÷2=
6000÷6=	300÷5=	80÷2=	480÷8=
8100÷9=	408÷4=	120÷4=	8000÷1=
800÷4=	1600÷4=	66÷6=	700÷7=

2. 用竖式计算，带☆的要验算。（建议6分钟完成）

841÷4=	☆453÷9=	980÷7=
680÷4=	☆301÷3=	843÷4=
754÷5=	425÷6=	846÷7=

订正区

PJ三（下）15

图3-10　口算题卡限时范例

在提升做题速度、增强紧迫感的同时，我们也要学会给不同学科、不同题量和不同题型分配合理时长。对于优等生而言，无论是简单题还是复杂题，都可以高标准要求自己，尽量压缩做题时间；对于中等生或后进生，最好先从简单题入手，等熟悉了基本答题技巧后再扩展到难题。当然，这种训练方法的前提一定是要保证答案正确，一味追求速度而忽略正确率是绝对不可取的。

这里需要强调的是，如果在练习或考试中遇到“不太会”的题目，一定要顾及时限，短暂思考后若还没有思路，该跳过就得跳过，不要浪费了时间却还在原地不动，导致最后题目做不完或是根本没时间检查。如果某道题的难度已经超过了你对知识的掌握程度，即“完全不会”，同时它也不是你的必拿分点，不是目标分数的构成部分，那就更不必纠结了，直接跳过也是一种战术。

2）限分训练

限分训练更多用于试卷，尤其适合优等生和后进生，对优等生而言是突破，对后进生而言是扩容。

训练方法是拿到试卷后，学习者首先通览全卷判断难度，为自己制定一个目标分数；然后，根据自身对知识掌握程度的判断，挑选出大概率可以实现这一目标分数的题目进行组合；接下来，尽全力确保目标分数内的每一个得分点都不丢失，目标分数以外的分数可以争取但不勉强；最后通过实操，发现实际得分与目标分数的差距，找到问题所在。

很明显，限分训练也要结合挑题训练，通过权衡自己的精力、题目难度和必拿分点三者的关系来确定优先完成的习题。这种训练方法的关注重点在于那些本该得到却又没有得到的分数，由此反推日常学习过程中暴露的问题，循环往复直至问题解决。

3）挑题训练

挑题训练是一种快速有效、极具个性的练习方法，不同水平的学习者会有不同的题型选择。优等生可以选择难度中等或更高的习题扩充解题思路；中等生选择难度中等的习题丰富题型体系；后进生选择难度较低或中等的习题巩固基础知识。

我们在日常进行非试卷类练习时，如果遇到“曾经会”“不太会”但又属于必拿分点的习题，一定要花时间集中火力去攻克，坚决不能逃避，因为上述所有训练的终极目标都是让你取得目标分数，不留遗憾。

2. 文理交叉，难易搭配

都说鲍鱼好，可天天吃也会觉得腻，荤素搭配才更合理。日常饮食尚且如此，更别说学习了。找到自信很重要，但一个人若长时间待在舒适之地，就会缺少兴奋点的刺激，变得害怕挑战；迎难而上也很重要，但一个人若是长时间将自己置于难关中，也会造成巨大的心理压力，产生厌烦情绪。所以，我们要学会在学科中间找到缓冲点，在难易之间找到平衡点，以保证学习状态的持续性。

针对学业负担逐渐加重的高中以上学习者，我们建议练习不要“太专一”，而是“文理交叉，难易搭配”。在练习难度不一的前提下，不必非把一门学科的练习全部完成后再进行另外一门，而是可以将各科练习拆分开来交叉完成；在练习难度相似的前提下，也不必按照主科学科和副科学科的顺序练习，而是可以按照自己的学科兴趣及文理分科来排序。

比如今天需要完成四门学科的练习，而这四门学科的练习难度相差不大，都很容易上手，那我们就可以先从“第四喜欢”的学科开始，按照“先苦后甜”的策略依次完成“第三喜欢”的学科练习、“第二喜欢”的学科练习和“第一喜欢”的学科练习，相当于在一个学科平行的宇宙里穿梭。当然，按照文理学科交叉、优势学科与劣势学科交叉的顺序组合也是可行的。

如果同一门学科的多项练习存在难易之分，我们可以把这些练习拆分，比如先完成语文的生字、词组，然后完成数学计算和英语单词抄写，最后再回过头来完成语文的作文，避免思维长时间陷入一门学科，从而降低练习疲惫感和枯燥感。

现在，我们再回过头来重新审视一下“练习”（持续不断的重复你已经掌握的事物）这个词语。它看似一种重复劳动，其实是熟能生巧的必经之路，有助于拓展自己的解题思维，丰富自己的解题思路。

五、总结：把点串成线，连线形成面

总结对应教育目标分类法中的分析，一般在结束了一整天所有的学习后进行。学生通过总结，可以了解自己对知识的掌握程度——对哪些已经胸有成竹，对哪些还是模棱两可，甚至完全没有掌握，以便调整后期的学习计划。

虽然总结实施起来也就几分钟时间，但千万不能小看它的作用，它将决定你之后的“练习武器”针对哪些板块、“时间弹药”投向哪个区域，考验的是学生分析问题、解决问题的能力。比如，我感觉今天自己在数学科目上学得不太好，很多题目看了答案也不清楚思路，明天得抽空去问问同学或老师，午饭后把之前没弄明白的习题再重新做一遍；今天的英语学习还不错，新课单词全都背下来了，那明天就不用花太多时间在英语学科上，可以约着同学去打会篮球，运动一下；今天又学习了一首李白的绝句，加上之前已经学过的三首，这学期已经积累了四首有关李白的作品，周末可以抽点时间结合李白的生平整理一下，总结出作品之间的相似处和不同处……

再比如，今天的历史课学习了有关专制主义中央集权的知识。而专制主义中央集权这个知识点是古代中国政治的一条主线，贯穿整个古代史（图3-11），我们就可以把今天所学和之前的相关内容进行联结，得出一定结论。

我们首先要明确这一制度产生的背景，对所有历史事件，代入政治、经济、文化三方面因素进行思考，由此形成自己的判断和评价（自评已掌握）；

然后，从内容出发，明确专制主义中央集权是如何在皇帝制度、三公九卿制和郡县制中体现的（自评已掌握）；

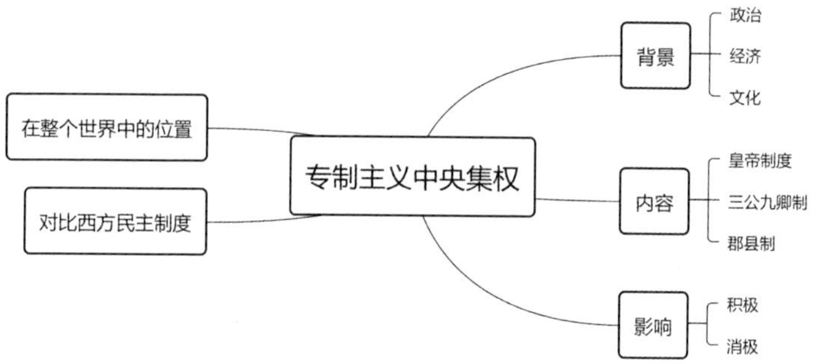

图 3-11 专制主义中央集权结构图

接下来，从积极角度和消极角度去思考专制主义中央集权带来的影响，一分为二辩证地看待这一历史产物（自评掌握不到位，需要再投入时间学习）；

最后，跳出中国的地理范围，放眼世界，把专制主义中央集权置于整个世界政治史中来审视，将其与西方民主制度进行对比，使整个知识点由点到面扩展开来，最终在头脑中建构起有关专制主义中央集权的完整的知识体系（自评掌握不到位，需要重温相关知识，重新梳理）。

总结既可以只围绕一门学科进行，也可以围绕整体学习情况来思考。但是很明显，总结与之前提到的回顾有区别。回顾更多的是针对课堂中的细节知识进行复习（能构建知识体系和题型体系更好），讲究趁热打铁，避免知识的遗忘；而总结一般在一天结束后完成，重在对学习方法和学习计划进行反思和优化，为第二天乃至后期的学习提供调整的依据和方向。简言之，回顾是总结的基础，总结就是回顾的深耕。通过一天的总结，我们能收获心得和体会；经过每天的总结，我们就能对学习这件事有更深入的理解。这样做的好处，是既可以让学有余力者明确学习方向，更有目标感，也可以让基础薄弱者每日积累成就感，增强信心。

如果条件允许，我们还可以尝试把个人行为拓展为集体行为（详见本书第二章第一节），建议学习者寻找一些与自己学习情况相近（成绩或排名相似、学习目标一致、作息时间基本相同）的朋友，组成学习小组，制定出团队计划。每个人都围绕自己的总结、思考和疑问整理出清单，并协商好见面的时间、地点，确定需要探讨的科目和内容，互帮互助，激发思维的火花。

综上所述，总结是学习者记忆知识、内化知识和深化思考的重要形式，能帮助我们理清所学知识的层次结构，在头脑中明确知识的外在形式和内在联系，最终形成属于自己的知识体系和结构框架，推动自己反思学习过程，为下一步学习阶段架设桥梁。

第二节　三段走，考试管理提能力

有这么一个年轻人，一整天看上去都挺倒霉：

他去上一门非常喜欢也非常重要的课程，学习很努力，但在考试时只获得了刚刚及格的 60 分；

晚上准备回家时，他发现自己的汽车被贴上了违章罚单；

他想打电话给好朋友倾诉一天的烦心事，好朋友却迟迟没有接听他的电话……

如果上述经历发生在你身上，你会有怎样的感受？你会怎么做？

有的人会认为“我太笨了，怎么学都拿不到好成绩”“怎么什么事儿都跟我过不去”“连个安慰我的人都没有，我太可怜了”，也有人会认为“我得更努力一点了”“下次停车时我得小心一点”“好朋友估计在忙别的事，晚点再联系吧”……前者把一天所发生的事情都当作了衡量自己能力和价值的直接标尺，往往倾向于用暴饮暴食、喝酒、摔东西或吵架等方式来缓解自己的焦虑和负面情绪，但不会采取有效的行动去改善自己的处境；后者则习惯于换一种思维去看待事情，把烦心事视作人生的调味剂，及时找到解决方法去应对眼下的困境。

其实仔细想想，所有的“倒霉事”并非是什么生死攸关的大事或毁灭性的灾难，只是令人感到不顺心，但不同的心态带来了不同的思维方式，直接影响了人们的行为。这正好与前文提到过的美国心理学教授卡罗尔·

德韦克（Carol S.Dweck）的成长型思维不谋而合。

德韦克给一群10岁左右的孩子们提出过一个对他们来说有点难度的问题。一些孩子直言“我最喜欢挑战了”，其积极应对的方式让人感到震惊”，这意味着具有成长型思维的孩子明白，困难可以促人奋进，经验教训可以帮助他们提升自我。而另一些孩子觉得遇到难题就是不幸，失败就是对他们才智的否定，这些具有固定型思维的孩子没有考虑到成长的可能性，容易被眼前的困难吓倒。

她还通过研究发现，具有固定型思维的孩子一旦遭遇考试失利，那么在下次考试时他们就会选择作弊，而非更加努力地学习。此外，这些孩子会在挂科后，去跟那些比他们考得还差的同学待在一起，以此安慰自己“我还是挺棒的”，由此逃避困难。

无独有偶。美国芝加哥一所学校有一个独特的设计，是将挂科学生的成绩标注为“暂时未通过”，而不是不合格。德韦克认为这种做法很绝妙，因为它传递出一种积极的信号——我并没有失败，我正走在解决问题的路上。这就好像有个人在一直与你同行，并不停地给你加油打气：“你花费的时间和精力没有白费，你还有很大提升的空间，再加把劲儿把目标明确一些就胜利了！”

显然，当今学习者遇到学习困难很少源于外因（比如硬件设施不到位，家庭经济情况不允许等），更多来自内因（比如不良的学习习惯，懒惰，没有毅力，缺少相应学科思维等）。因此，只有让自己具备成长型思维，做出的改变才会有成效。尤其在面对考试过程及考试结果时，成长型思维能让人既看到分数表面暴露出的知识漏洞，还看到分数背后反映出的学习习惯问题。

考试这一形式在中国已经存在了几千年，现如今的考试主要有两种目的：一是检测考试者对某方面知识或技能的掌握程度，比如升学考试；二是检验考试者是否已经具备获得某种资格的基本能力，比如护士执业资格考试。因为从某种程度来说，考试是一种相对公平的考核形式，所以多年来，尽管人们对它持有很多争议，但仍将这种形式保留了下来。

考试（也包括试卷本身和错题）是为学习服务的，分数不是我们追求的终极目标。但从前文可以看出，分数的确能反映学习者前一阶段的学习状态，也能检验前一阶段的学习效果。很多人拿到成绩，嘴上不停念叨“哎呀，我这次没考好”，其实仔细深究，根源在于这一阶段“没有学好”——可能是学习状态出了问题，也可能是日常学习没有做到位。那么通过考试暴露出的问题，是不是正好就给下一阶段的学习指明了方向呢？因此，分数只是表象，帮助学习者更加清楚地了解自己当下的学习状况，反思学习行为中出现的问题，为下一阶段的学习提供更有针对性的调整方案，这才是考试的意义所在。

此外，考试对学习者的心理素质也是一次磨炼。有的考生难免会遭遇发挥失常的意外，那么遇到意外，谁能笑到最后？当然是意志力顽强的人，这种顽强的意志品质也要依靠考试来历练。

正因如此，我们在这里专门强调一下对考试的认知及心态问题，它会贯穿本节内容。我们相信，阅读此书的学习者都是想要做出改变的人，因此，考试管理习惯存在的意义不只是为了帮助学习者提高下一次的考试成绩，更多的是要帮助大家获得自我反思的能力，使学习状态良性持续地向好。

一、淡定看分数，冷静辨错误

一般来说，考试管理应该按照时间顺序，从“考前”“考中”到“考后”，但正如第一章所言，许多学习者的突然醒悟都是源于一次不理想的考试成绩，“考后”这个时间节点反而成了新一轮学习周期的起点，因此，本节内容会把与考后管理相关的内容放在最开始来介绍。考后管理一方面有直击学习者心灵的加成作用，利于改变意识的形成；另一方面有客观试卷作依托，可以快速定位学习者的问题所在。

考后管理的重点是做试卷分析。这里的试卷分析区别于老师在课堂上的试卷讲评，不是简单地改正错题或抄写几遍错题就算完成了，而是要根据错题找出薄弱知识点，根据卷面情况反思上一轮学习周期的问题，为新一轮学习周期找准方向，确立起点。

1.分析试卷，为错题“把脉”

拿到试卷和答题卡后，我们先按照以下思路分析。

◆ 题量——答题时间是否合理，答题顺序是否妥当。

◆ 分值——是否达到预期分数，得分计划有无偏差。

◆ 难度——知识掌握是否牢固，复习安排是否到位。

◆ 模块——明确丢分是因题型不熟悉，还是知识没掌握。

◆ 细节——蒙对或看别人答案而得分的题目都算错题。

◆ 题型——收集、归纳常见的应试题型作为储备。

分析完成后，我们再针对具体题目提问、自答。

我是因为什么原因做错了这道题？

这个错误源于知识没吃透，还是粗心大意？

如果丢分源于知识掌握不牢固，前推到哪个环节需要再做调整？

如果丢分是因粗心大意，以后要怎么改变？

想要解决上述问题，需要一步步落实哪些行为？

……

一般来说，丢分因素可归为两类：知识性丢分（题目不会做、知识点遗忘）和非知识性丢分（粗心大意、时间不够）。编者团队通过一个35人的班级采样，随机挑选了一次单科考试，发现没有因粗心、书写错误、审题失误丢分的考生只有3人。也就是说，非知识性丢分存在于大部分考生之中。编者团队又以高考试卷作为样本，发现每个考生的单科考试中平均有12分的非知识性丢分。以高考有6门科目计算，考生的非知识性丢分估计超过70分，这个后果足以发人深省。

如何解决非知识性丢分问题就是本节的重点内容。至于知识性丢分，我们会在本章第三节错题管理习惯中做详尽介绍。

2.正确归因，探寻解决之道

试卷分析过后，我们进入错题归因和方法探寻阶段。显而易见，非知识性丢分的实质是考生的专注力出了问题。根据500位考生的试卷统计，我们发现非知识性丢分的原因如下。

1）审题问题

✘ 理解错误，答非所问。

如题目要求将算式按得数“从小到大”的顺序排列，学生理解错误，而“从大到小”排列，导致整题扣分。

✘ 思维定势，误判题型。

如图3-12所示，大多数判断题要求用√或×来表示正误，但有些试卷又会要求用T或F来表示，且不会特别强调，这就需要考生仔细分辨了。

✘ 漏掉题目关键信息。

如图3-13所示，题目中既有“小红和其他三名同学”的信息，又有“每人”的字眼，稍不留意就会理解错题意，漏掉“一共”这种关键信息。

听录音，判断句子正误，正确的写“T”，错误的写“F”。

（×）　1、The elephant is so big.
（√）　2、This is my quail.
（×）　3、It is tiger time.
（√）　4、Act like is tiger.
（×）　5、Show me the letter “T”.

图3-12　小学英语试卷错例

解决问题（共14分）

小红和学习小组的其他三名同学，每人搭了一个这样的图形，一共用了多少个？（6分）

答：一共用了 ______ 个

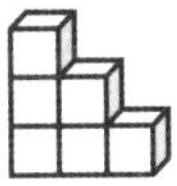

图3-13　小学数学试卷错例

从小学考试到研究生考试，从学科考试到职业技能考试，出题者往往很清楚考生的易错点在哪里，所以经常在题目中埋下误导的伏笔。很多人常常扫了一眼题目就心中大喜，心想“这道题我之前可是做过的啊”，但其实它并非原题，出题者已悄悄对题目“动了手脚”，做了变形。若考生放松警惕，不仔细辨析，丢分是必然的，这就是思维定势造成的典型错误。

为避免掉入出题者的陷阱，考生可以做到以下几点。

✓ 将做错的题目整理到错题本中。

✓ 审读两遍题目，用不同颜色（符号）圈画题目的关键字：第一遍粗审，定位条件、问题、模型；第二遍细判，避免误读、漏读。要知道，许多大考的题目若只读一遍是很难解答的。

✓ 指读题目，用笔头或手指作为引导物帮助自己集中注意力，提升阅读速度。

2）计算问题

啊呀，不小心算错了！

我不是不会，只是不小心而已。

其实我完全可以做对的，唉！

这次算错了，下次肯定没问题。

……

上面这些话，你听着是不是很熟悉？

没错，很多人从小到大都习惯拿这些理由安慰自己，但直至成年也没有解决看似简单的计算问题。如何和数字和解，你有必要静下心来想一想。

✘ 心算失误。

如图3-14所示，考生在面对填空题、选择题等相对简单的题型时，常常过分依赖自己的心算能力，不假思索地就写上答案，还信心满满不检查，直到拿到答题卡才追悔莫及。

✘ 跳步过多。

许多考生常常以节约时间为由简化计算步骤，可能一开始的计算都没出错，走到最后就出现了偏差。通过错题总结，我们会发现许多计算错误都会在重新演算时被发现。

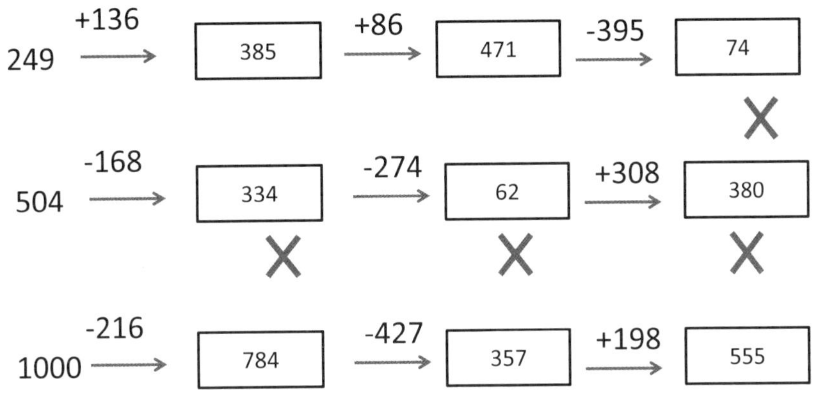

图3-14　小学数学试卷错例

为避免以上错误，考生可以采用以下方法。

✓ 科学使用草稿纸。要知道，题目理解正确，解题过程正确，但抄错答案的情况不占少数，善用草稿纸可以大幅降低计算错误。我们建议将草稿纸分块演算，可用手折印，也可用笔画（图3-15），方便检查和誊抄，这样既不会把对的地方给改错，也可把错误的地方改正确。

✓ 尽量把计算过程写完整，一步一步，有据可查，方便纠错。

<table>
<tr><td>选择 1</td><td>选择 2</td><td>选择 3</td><td rowspan="2">16</td><td rowspan="2">17</td></tr>
<tr><td>选择 4</td><td>选择 5</td><td>选择 6</td></tr>
<tr><td>选择 7</td><td>选择 8</td><td>选择 9</td><td rowspan="2">18</td><td rowspan="2">19</td></tr>
<tr><td colspan="3">填空 10</td></tr>
<tr><td colspan="3">填空 11</td><td rowspan="4">20</td><td rowspan="4">21</td></tr>
<tr><td colspan="3">填空 12</td></tr>
<tr><td colspan="3">填空 13</td></tr>
<tr><td colspan="3">填空 14</td></tr>
</table>

图 3-15　草稿纸分区示例

3）书写问题

× 步骤不齐。

在一些考试中，评分标准是有严格标注的，哪一个步骤给分，具体能给多少分，都写得清清楚楚。许多考生做完题目却拿不到满分，就是因为步骤不齐，这样是很可惜的。如图3-16所示，题目要求先比较价格，再得出结论；如果只写答话，缺少比较的步骤，就会导致得分不全。

下面有3种茶叶，比较价格得出哪种茶叶最便宜。（4分）

A 生活绿茶，23.6元

B 花茶，18.8元

C 红茶，25.5元

答：红茶最贵（1分），绿茶居中（1分），花茶最便宜（2分）

图3-16 小学数学习题错例

× 字迹潦草。

字迹潦草在两种题型上最吃亏，一种是填空题，另一种是主观表述题。个别考生的字体“超凡脱俗”，常常写得“7”“1”不辨，“6”“0”不明，“i”“l”不分。有的考生因作文时间不够，书写越来越潦草，容易引发误判而丢分。

为了捡回这些宝贵的分数，考生可以注意以下方面。

✓ 使用标准答案解析训练。首先读题目，按要求解答；然后看答案，总结解题思路；接着根据解题思路对照步骤分值，抓准得分点；最后根据得分点并总结，反推出题思路。坚持落实以上四步，可以摸清出题者的套路，明确答案得分点。熟练以后，考生甚至不用看题目，单看答案就能推断出题方式、条件及问题。

✓ 汉字的书写可以连笔但不能潦草。挑选一支使用顺手的笔，静下心来，好好梳理汉字的结构和笔画，这样既是练字，也是静心。尤其当人烦躁时，一笔一画书写心中的所思所想，是安抚内心的一个好方法。

✓ 英文字母可以通过字帖练习。选择周末或假期，临摹市面上现有的英文字帖，一般十天半个月就能有成效。

4）其他问题

✓ 填错答题卡是经常被强调却始终有人会犯的错误。这种错误出现的概率很低，但一旦发生就是毁灭性的打击。要想避免这种情况，我们可以用铅笔在答题卡整数行或整数列（比如第5行、第10行）的旁边，画几条横杠作为参照，以便快速定位答题位置。

✓ 时间分配不当导致试卷做不完，或试卷仓促完成出现失误，也是非知识性丢分的常见情况。每次考试结束之后，我们总能听见学生抱怨“要是再给我几分钟，最后那道题就做完了”“这道题我明明会做，就是来不及了”。这种遗憾可以通过提前做好时间分配预案来避免，也可以通过多积累考试经验来克服。

✓ 还有人刚一开考就异常紧张或异常自信，导致简单题目也会连续出错；有的人在开考半小时后开始精神涣散，导致错误率突然上升；又比如有的人一看到大题，就习惯性地把简单问题复杂化，题目读得越久，越不知道应该从哪儿下手……这些问题大多属于心态问题，需要通过考前管理来纾解，帮助考生以更为平和的心态来应对考试。

✓ 俗话说“吃一堑长一智”，每一次考试都有成败与得失，就看你如何看待了。角度不同，认知就会发生变化，收获自然也大不相同。看清自己对知识的掌握是否牢固，对时间的安排是否合理，对心态的调整是否到位，这对学习者而言都是一笔宝贵的财富。用好分数，看淡分数，借助好试卷分析表（表 3-4）来回顾和反思自己在应对考试时出现的各类问题，及时查漏补缺，让下一阶段的学习更有针对性，这才是我们需要真正花时间、下功夫完成的。

表 3-4　试卷分析表

<table>
<tr><td rowspan="3">试卷结构分析</td><td colspan="2">体量/分值</td><td colspan="4">例:选择(　　)个 分值(　　)</td></tr>
<tr><td colspan="2">模块/难度</td><td colspan="4">例:选择(　　)个　考查点 1、难度系数
考查点 2、难度系数</td></tr>
<tr><td colspan="2">题型/细节</td><td colspan="4"></td></tr>
<tr><td colspan="3">错误类型</td><td>题号</td><td>分值</td><td>占失分比例</td><td>对策</td></tr>
<tr><td rowspan="3">知识性丢分</td><td>曾经会</td><td></td><td></td><td></td><td></td><td></td></tr>
<tr><td>不太会</td><td></td><td></td><td></td><td></td><td></td></tr>
<tr><td>完全不会</td><td></td><td></td><td></td><td></td><td></td></tr>
<tr><td rowspan="10">非知识性丢分</td><td rowspan="3">审题问题</td><td>漏条件</td><td></td><td></td><td></td><td></td></tr>
<tr><td>画错关键词</td><td></td><td></td><td></td><td></td></tr>
<tr><td>思维定势</td><td></td><td></td><td></td><td></td></tr>
<tr><td rowspan="3">计算问题</td><td>心算过多</td><td></td><td></td><td></td><td></td></tr>
<tr><td>跳步过多</td><td></td><td></td><td></td><td></td></tr>
<tr><td>草稿纸使用不当</td><td></td><td></td><td></td><td></td></tr>
<tr><td rowspan="4">书写问题</td><td>抄写错误</td><td></td><td></td><td></td><td></td></tr>
<tr><td>字迹潦草</td><td></td><td></td><td></td><td></td></tr>
<tr><td>步骤不齐</td><td></td><td></td><td></td><td></td></tr>
<tr><td>标注不清</td><td></td><td></td><td></td><td></td></tr>
</table>

续表

非知识性丢分	其他问题	优柔寡断（反复纠结）				
		不自信（看别人或蒙对）				
		太自信（没检查）				

二、考前管理：凡事有准备，行动值千金

说完考后管理，我们再回过头来说考前管理。凡事预则立，不预则废，指的就是无论做任何事情，事前有准备就容易成功，没有准备就会失败。这就好比说话前如果有深度思考并充分准备，就不会词穷理屈而站不住脚；行事前先有计划，就能尽量避免发生错误或后悔的事。考前管理的意义就是做好考试的预演，重点关注之前犯过的错误，提醒学习者千万记住“绕道而行”，并为接下来的正式考试制定相关预案。由此可见，考前准备越充分，考生的应考压力就越小，面对考试也就越有信心。

1. 两手准备，做到心中有数

考前需要从硬件和软件两方面做准备（表3-5），硬件方面主要包括考试用品的准备和饮食作息规律的制定，软件方面主要围绕复习方案展开（与日常学习习惯和错题管理习惯关系密切）。那么究竟哪个时间算作“考前”呢？其实这并没有一个明确的范围。在大考面前，这个时段可能超过半年以上；对于一般考试而言，这个时段可能是一周；而对于一些小测验来说，这个时段可能就只是头天晚上的几个小时而已。

表3-5 考前管理准备清单

分类	清单内容
硬件准备	水笔、2B铅笔、尺子、圆规等学习用具
	准考证、身份证
	作息时间规律，每天保证7~8小时睡眠
软件准备（核心）	复习方案、错题本和笔记
答题预案	时间分配、做题顺序
应急预案	药品、个人物品

如果是线下考试，考点又在考生不熟悉的地方，我们需要提前熟悉一下路况，根据路程确定出门时间，合理选择交通工具；如果是线上考试，我们需要提前完成设备测试，通过模拟考试确定网络的流畅度、镜头的角度等。

尽管到目前为止，我们已经经历过多次大大小小的考试，但很多人依然没有把考前准备当作一项系统工程去认真对待。因此，我们一定把所有可能影响考试的因素都提前考虑到，把所有流程在条件允许的前提下都彩排一遍，尽量做到万无一失。

2. 结合自评，制定预案辅助

接下来，我们再着重说明几个需要在考前思考的问题，包括目标分数、答题预案和情景预演。

考试不是目的，学习才是根本，但不能否认，考试是检验学习效果的一种重要方式。但对有些人来说，考试意味着什么，会对将来产生哪些影响，应该为此付出怎样的努力和行动，他们并没有深入思考过。从某种意义上来说，“会考试”也是一个人能力的体现，一方面说明这个人掌握了基本知识，另一方面也说明这个人比较抗压，能够从容应对挑战，当我们审视这个人时就会或多或少给予更高的信任值。因此，尽管我们并不提倡“一考定终生”，但依旧希望学习者能认真对待每一次考试。

1）目标分数

一般来说，考生对某次考试所要取得的成绩和名次是有预期的。比如，某个学生在上一次的考试中取得了全班第15名的成绩，但他的目标是考进全班前10名，那么通过了解第10名考生的成绩，他就会得到两人之间的分数差。在下一次考试之前的这个时间段里，该学生需要根据全班前10名的目标，制定与这个目标相匹配的复习内容和复习强度，并将分数差分解至各个学科中（表2-1）。

对于基础相对薄弱的学生，求稳重于求全，得分重于提分。复习很难面面俱到，但是考生可以根据老师给出的重点找出自己的薄弱点；如果重点和薄弱点正好对上，那么这个知识就是接下来要复习的重点。

对于基础比较扎实的学生，考试应该多关注提分点或精进点，看看调整后的答题顺序是否习惯，这段时间关于某个模块的强化训练是否见效，用新方法解决上次出现过的问题是否奏效。

这里存在一个普遍的误区：如果我们把知识按照“完全掌握”“掌握但不熟练”和“完全没掌握”分类，那么考前管理解决的应是“掌握但不熟练”的这部分内容，而不是解决“什么不会，我现学什么”的问题。如果考试已在眼前，却还有知识完全没掌握，那你一定是在日常学习习惯上出了问题，需要重新按照上一节的内容调整自己的学习策略，“临时抱佛脚”显然不是考前管理的目的所在。

河北经贸大学大四学生吕瑞超

我是今年考研大军中的一员，成绩还不错。坦白地告诉大家，考研要准备的内容太多了，所以临近考试还想着全面复习是不太可能的。我当初非常焦虑，就是因为觉得自己哪儿都没复习到位，哪儿都有可能出错，越想面面俱到越抓不住重点，心情直跌谷底。毕竟，我真的太想考上研究生了。后来，经过和老师沟通，我明白了一个道理，其实我已经走过了全面复习的阶段，考前就得看重点，找弱项，保证会做的题一分不丢。于是，我再一次调整了考前的复习内容，全力以赴攻克几个重点和难点，踏实下来不急躁。现在回想起来，当时一个人闷头复习像没头苍蝇一样乱撞，真是焦急又难受，临考两周还妄想着全面复习，结果还真不一定能成功考上理想的学校。

2）答题预案

答题预案需要考生在考前花点时间和心思去完成，原则包括确定考试范围，了解题型结构，结合错题管理经验，做好题目的取舍和时间的分配。我们的建议是，如果没有特殊情况，还是先从小题（填空题、选择题）入手，最后再做大题。因为小题看似简单，其实往往暗含了大题的解题思路，就像许多阅读材料能够成为作文的素材一样。用小题给出的提示来拓宽大题的思路，可以节约后续的思考时间。

还有一些个性化问题也可以通过答题预案来解决。比如，考试的题目通常一环扣一环，一道大题连续三问。三题全都答对自然最好不过，但如果自认为完成起来有难度，考生就要确保拿满相对简单的第一问的分数，然后把大部分答题时间安排给第二问，甚至有可能直接放弃第三问。简言之，能拿的分数必拿，不能拿的分数尽量拿。

又比如在各类英语考试中，有的考生擅长故事性文章的阅读题，有的考生擅长说明性文章的阅读题，那么他们在面对同样的四篇阅读文章时，答题顺序就可能不一样：既可以先答第一篇，再答第三篇，接着答第四篇，最后答第二篇；也可以先答第四篇，再按照一、二、三的顺序做题……总之，考生的目标是要确保必拿的分数一分不丢，不是得分点的内容就不要浪费过多时间。

3）情景预演

我们不得不承认，考前高强度的复习会让学习者感到疲惫不堪，精神紧张，从而引发各类生理或心理问题。尤其是身体产生的一系列应激反应，会让考生产生不同程度的头晕、头痛、消化不良、睡眠失调、免疫机能下降等症状，表现为焦躁、抑郁、情绪波动大、注意力分散、易激动等现象。针对这种情况，我们要有意识地利用日常训练或情景预演来增强应对能力和抗压能力，通过提前制定解决方案，降低应急情况下心态崩盘的可能性。

情景预演在很多场合都会被运用，比如考驾照、舞台彩排、军犬训练（图3-17）等。军犬之所以能作为"特种装备"参与到追踪、搜捕、侦破、排爆等任务中，就是因为在日常训练中经常引入爆破巨响、高空坠落、陡峭地带攀爬等危险场景，其面对巨大压力时的克制与冷静都是经过情景预演训练得到的。

图3-17 军犬训练

尽管考试期间遇到突发情况的概率不高，但我们还是要把事情想得全面一点，总不能因为突然肚子痛上个厕所，就把考试弄砸了，又或者临时发烧感冒耽误了考试，就只能复读一年，还有许多人因为临场慌乱失了心态，以至于发挥不出真实水平，有的忘记写班级姓名，有的会做的题目也不会了，还有的甚至出现了漏题的情况……如果我们提前做好应急预案，头脑中有应对，心态上有准备，就算做不到临危不乱，也不至于手足无措。最忌讳的是出现临时情况死扛，时间浪费了，题目也做不对。

此外，我们还可以自问自答以下几个问题，提前找到对应的解决办法：

如果第一场考试发挥失常，第二场该怎么调整？

其实在最终结果出来之前，一切都是未知数。考生一定要遵循“考完一门丢一门”的原则，不过多计较已经过去的考试，不要互相询问题目答案，也不要上网查找答案，抓紧有限的时间准备接下来的考试。这样一来，即使第一场考试发挥失常，也有可能在之后的考试中力挽狂澜，最终缩小总分上的差距。

如果第一场考试开局不错，接下来的考试怎么保持状态？

学习是一个漫长的过程，考试也是一场持久战。若考试开局不错，考生的自信心自然会得到大幅提升，这对接下来的其他考试而言，无疑是一针强心剂。但自信过头也容易变得骄傲，如果刚有一点成绩就沾沾自喜，那就容易前功尽弃。所谓“自古骄兵多致败，从来轻敌少成功”就是这个道理，考生一定要戒骄戒躁，保持一颗平常心。

如果我选择的小三科考试都集中在第一天，我该怎么安排时间？

第一天考试相对集中，对考生的精力和体力提出了更高要求。考生千万别在考前最后一晚熬夜搞突击，要按照常规作息安排生活；刻意放松早睡，也会造成头脑疲惫。其实尽早结束考试，可以缓解考生的心理负担，避免夜长梦多。此外，考生依旧需要遵循“考完一门丢一门”的原则，全力以赴为后续做准备。

如果我选择的小三科考试在最后一天，我该怎么制定复习策略？

受“新高考”的影响，选科不同，考试的时间安排也不相同。很可能你的同学已经考完欢呼了，你还在继续奋战，真是一种煎熬啊！但此时的你千万别被他人搅乱了心智，打乱了节奏，无论如何都要坚持落实自己的复习计划，有条不紊地进行最后的冲刺，始终让自己沉浸在备考氛围中，直至考试完全结束。

如果我在考试当天异常紧张，有没有快速调节的办法？

对于考生来说，有几个自我调节的小技巧值得一试：拥抱和相互按摩，可以增加稳定感；双手在胸前交叉，两手放在对侧肩膀上轻拍，可以唤起安全感的记忆。冥想也可以带来深度放松，使人恢复稳定感和安全感。

深呼吸法和肌肉放松训练也是不错的选择。你可以尝试把右手放在心脏上方（或腹部），先缓慢地吸气，持续5秒；再缓慢地呼气，持续5秒。多次重复上述动作，做到“吸气要深、满，吐气要慢、匀”，以缓解自身的紧张情绪。

你还可以将全身所有能控制的肌肉从头至脚全部绷紧，先皱起眉头，慢慢地从10倒数到0，松开眉头；再咬紧你的牙齿，感到两边脸颊的肌肉已经绷紧，再默默地从10倒数到0，松开牙齿；配合深呼吸法操作，直至全身全部放松下来。

4）其他注意事项

削铅笔的过程其实是一个强烈的自我暗示过程，也是帮助考生平心静气的一种好方式，毕竟考试在即，临阵磨枪磨的是心态，磨的是意志力，精神得到放松，水平更容易发挥。

跨校考试时不要穿着校服，校服有时会给考生带来一些不必要的麻烦，甚至是非议，徒增压力。也不要穿着博人眼球的服装，监考老师的眼神不会从你的身上离开，这也会额外增加考生的心理负担。

考试遇上什么样的天气是不可控的。考场可能暖气不够，冻得人直跺脚；也可能空调冷风过足，吹得人打哆嗦，所以考生要备好衣物，及时增减，以免在考试过程中出现身体不适。

考生注意不要把手机带进考场。曾有考生携带手机进考场，闹钟在关机状态下响起，被认定为作弊，被禁考三年。因此考生一定要记得在开考前关闭闹钟，关闭手机，减少不必要的麻烦。

如果考试时天气炎热，考生可以准备防暑降温药；感觉身体不舒服，可以带着药品；下午考试容易疲倦，可以喝点提神醒脑的饮品……这些准备是否真能派上用场不得而知，但它给考生带来的“心理按摩”还是很有效果的。另外，统考一般有备卷，如果试卷损坏尽快举手示意更换。

3. 直面考试，以不变应万变

不过话说回来，智者千虑必有一失。除去一些必要的思考，你大可不必为了那些你无法预料和掌控的事情耗费太多心力，但很多人还是把焦点放错了地方，还未开考已自暴自弃、唉声叹气了。

哎，我感觉这次会考不好。

万一成绩不理想怎么办？

这次要是再考不好，我肯定就没希望了。

……

这样会带来什么后果呢？自然是被未知的恐惧所累，连正常水平都发挥不出来。山东省章丘五中学生高明晓曾在日记中回顾她的考前状态。

受疫情影响，我们很长时间都在上网课。由于不能像在学校那样及时找老师答疑解惑，我清楚地知道自己对某些知识点的掌握并不牢固。客观上，没有学校的集体学习氛围，我总觉得缺了些什么；主观上，我确实会偶尔冒出偷懒的想法，想着也许别的同学也并没有那么刻苦……

考前的最后几天，我的脑子特别混乱，总有两个小人在不停地打架。其中一个小人在说："没事的，别紧张，一次考试而已，有什么大不了的。"另一个小人又在说："这次考试可是决定你未来人生的一场战役，这么多年的埋头苦读，就看你这次的表现了。"这种患得患失的感觉让我更焦虑了，之前几次模拟考中，数学总有一道大题不太会，语文题量多，每次总是感觉时间不够，英语的作文发挥也是差一点意思……这种焦虑一旦被放大，就会变成恐惧，恐惧面对别人的眼光，恐惧未来的走向不如意，甚至连去考场的勇气都快消磨殆尽了。

对未发生之事的担忧，其实是人类一种下意识的、自动化的思维，但我们的大脑具有可塑性，通过长期的、正确的特殊训练能够改变神经网络的连接方式，从而改变一贯的思维方式。另有研究发现，我们想象中那些可能发生的"困难"和"可怕"大多没有发生；且当真正行动以后，这些实际的困难也没有想象中可怕。这就表明，庸人自扰是多余的。想一万不如做一千，唯有把准备落实充分，才能化解心中焦虑。

正如高明晓后来在日记中写的那样：

也许是看我压力太大了，父母抽空与我认真交谈了一次。他们很开明，认为考试确实是人生某一阶段里非常重要的事情，但它并非决定人生走向的唯一机会。条条大路通罗马，他们认为就算最后的考试成绩不理想，也不代表人生从此就失去希望，未来还有很多事情等着我们去探索。独木桥走不通，那就造船、学游泳，照样可以抵达彼岸。但同时，他们也提醒我，应该利用有限的时间做最后的整理，查漏补缺，尽自己最大的努力保证知识不遗漏，有错误赶紧改，有问题赶紧问，不要留下遗憾。

这番交谈让我豁然开朗，是啊，考试既包含着老师和父母对我的期望，但更多的是对我多年学习的一种检验。只有真正努力过，才能坦然迎接所有的结果，无论成功还是失败。

不难看出，物品准备充分了，思路整理清楚了，心态调整好了，自然能轻松从容地迎接关键时刻的到来。把考前管理做到位，就能使其成为考试的加分项。

三、动笔勤思考，遇挫莫慌张

工作生活中的压力随处可见，在压力前能否发挥出自己应有的水平，是考核一个人心理素质的关键。从这个意义上来说，考试就是要给考生造成压力。考中管理旨在锻炼考生的临场应变能力，让大家学会直面压力，化解压力，避免因紧张导致发挥失常。

1. 心理建设

请记住，强大的心理暗示在什么时候都适用，尤其在面对考试时。

如果试卷难度比较大，怎么办？

试卷难度大会放大考生的紧张感，但考试一视同仁，所有考生都会觉得有压力，积极的心理暗示很重要。

我觉得这道题有点难，不过我想这对其他人来说也不简单，他们说不定比我还紧张呢，有什么可怕的！

试卷中一定有大家都能得分的简单题，也有考倒个别人的难题。我的目标是取得目标分数，干嘛为了追求满分而慌了手脚呢？难题做对了，那是幸运；如果做错了也所谓，反正我已经拿到了我的目标分数，结果还是满意的。

如果试卷非常简单呢？

松懈的状态会瞬间袭来，给考生带来困意，此时我们一定要集中注意力，先从容易题目入手，让思绪缓缓进入状态。

这套试卷看着挺简单的，那我就要拿出百分之百的认真来对待了，把该拿的分都拿到。

我得好好检查，肯定会有人放松警惕而出纰漏，我得仔细点。

在考场上，考生一定要及时调整心态和行为，把注意力拉回到试卷本身。

2. 答题技巧

1）整体原则

答题会有一个渐入佳境的过程。就好比一个人上台演讲，刚开始紧张到发抖，讲着讲着就放松了，再过一会就可以正常发挥了。所以考生在开考后，要先快速通览试卷，按照“先易后难”“先简单后烦琐”的做题原则下笔，引领自己进入状态。

2）时间分配

我们在前文中强调了要在练习时做限时训练，就是在为正式考试做准备。如果你有坚持这样的练习，那么恭喜你，考试时间的紧迫感应该对你不会造成太大压力，你只需要合理分配好时间即可。

首先，拿到试卷后，我们要预留2分钟左右的通览时间；其次，在考试结束铃响起前，至少留出5分钟左右的时间检查全卷。这两个时段缺一不可。

通览试卷的2分钟不要着急忙慌地提前做题，一定要对试卷结构、难易程度做到心中有数，毕竟“知己知彼，百战不殆”，此时的试卷就是我们要面对的对手。最后的5分钟，一定要仔细检查答题卡是否涂全，不要漏涂、错涂；核对简答题是否有漏题、漏项；如果时间充裕就再验算一遍有疑问的计算过程，确保万无一失。

这样掐头去尾算下来，就是我们真正的答题时间了。具体的答题时间要结合理论时间和实际时间来考虑。理论上来说，文科考试的实际时间作用更强，理科考试的理论时间影响更大。我们可以根据下列公式进行一个大致的估算。

理论答题时间=（考试时间/考试分值）×题目的分数系数

题目的分数系数：选择题×70%、填空题×90%、主观表述题（计算大题）×130%（选择题还要根据实际情况进行调整，因为它的难易划分非常明显，前面的选择题相对简单，后面的选择题则有一定难度）。

如果考试涉及作文，一定要为其留出足够的时间来完成，建议时长在60分钟左右，这其中包括10分钟构思，45分钟行文，5分钟通读全文适当修改。

在理论时间基础之上，如果觉得检查时间过少，我们可以跳过一些简单的选择题或填空题，又或是一道超出我们能力范围的题目，集中火力确保必拿分数不丢。

3）答题顺序

一般情况下，考生在考前就会对考试难度有所感知，也大致了解试卷难易的分布情况。考生通览试卷后，要关注哪里有“胸有成竹”的简单题，哪里有“深吸一口气”的难题，对考试的难易比例要做到心中有数，并据此确定答题时间，从选择题开始，从自己有把握的知识点入手，按照考前管理中的答题方法作答。

4）答题窍门

这里主要说说主观表述题。

自然学科类考试的主观表述题一定会涉及公式或框架的得分点，只要考生能分析出考点是什么（这不是一件难事），再把考点和题目中的条件相结合，稍微把公式修改一下，替换成已知条件，就一定能得出八九不离十的答案。

例：已知椭圆C的两个顶点分别为$A(-2,0)$，$B(2,0)$，焦点在x轴上，离心率为$\frac{\sqrt{3}}{2}$。

（1）求椭圆C的方程。

（2）若直线$y=k(x-1)(k\neq 0)$与x轴交于点P，与椭圆C交于M,N两点，线段MN的垂直平分线与x轴交于Q，求$\frac{|MN|}{|PQ|}$的取值范围。

解：

（1）由题意知$\begin{cases} a=2 \\ \frac{c}{a}=\frac{\sqrt{3}}{2} \\ a^2=b^2+c^2 \end{cases}$（只要列出公式就得2分），可得$a=2,b=1$，故椭圆$C$的方程为$\frac{x^2}{4}+y^2=1$。

（2）由$\begin{cases} y=k(x-1) \\ \frac{x^2}{4}+y^2=1 \end{cases}$，可得$(4k^2+1)x^2-8k^2x+4k^2-4=0$。

设$M\left(x_1,y_1\right)$，$N\left(x_2,y_2\right)$，

则 $x_1+x_2=\dfrac{8k^2}{4k^2+1}$，$x_1\cdot x_2=\dfrac{4k^2-4}{4k^2+1}$，$y_1+y_2=k\left(x_1+x_2-2\right)=\dfrac{-2k}{4k^2+1}$（联立韦达，初中知识）。

线段MN的中点为$\left(\dfrac{4k^2}{4k^2+1},\dfrac{-k}{4k^2+1}\right)$（中点坐标公式），线段$MN$的垂直平分线方程为$y-\dfrac{-k}{4k^2+1}=-\dfrac{1}{k}(x-\dfrac{4k^2}{4k^2+1})$。

令$y=0$，得$x=\dfrac{3k^2}{4k^2+1}$，所以$Q\left(\dfrac{3k^2}{4k^2+1},0\right)$。

又因$P(1,0)$，则$|PQ|=\left|1-\dfrac{3k^2}{4k^2+1}\right|=\dfrac{k^2+1}{4k^2+1}$（两点间的距离公式），

$$|MN|=\sqrt{1+k^2}\,|x_1-x_2|=\sqrt{(1+k^2)\left[\left(\frac{8k^2}{4k^2+1}\right)^2-4\cdot\frac{4k^2-4}{4k^2+1}\right]}$$

$$=\frac{4\sqrt{\left(k^2+1\right)\left(3k^2+1\right)}}{4k^2+1},$$

$$\text{所以}\frac{|MN|}{|PQ|}=\frac{\dfrac{4\sqrt{\left(k^2+1\right)\left(3k^2+1\right)}}{4k^2+1}}{\dfrac{k^2+1}{4k^2+1}}=4\sqrt{\frac{3k^2+1}{k^2+1}}=4\sqrt{3-\frac{2}{k^2+1}}\text{。}$$

因为$k\neq 0$，所以$1<3-\dfrac{2}{k^2+1}<3$，故$\dfrac{|MN|}{|PQ|}$的取值范围为$\left(4,4\sqrt{3}\right)$。

而在社会人文学科类考试中，考生首先要把全部知识点在头脑中过一

遍，再筛选出符合题目要求的知识点，将其列举出来，再思考这些知识点能够分析出什么样的具体内容可以作答。要知道，答案的给分标准不是看考生有没有把得分点连成一句话，而在于考生写出的得分点有没有被阅卷者清楚地看到。因此，把知识点写在试卷上比写在草稿纸上来得值。

例：阅读材料，完成下列要求。（9分）

材料一：据《汉书》载，刘贺是汉武帝之孙，昌邑哀王之子，幼年继承王位。公元前74年，汉昭帝逝世，无子，霍光立刘贺为皇帝。然而不久，霍光与群臣联名上奏刘贺入朝后的劣迹，如居丧时无悲哀之心，不素食，掠取女子，废礼仪；继皇帝位后，未祭祀宗庙就以最隆重祭礼祭祀其父……要求废黜刘贺。皇太后准奏。公元前63年，刘贺受封为海昏侯。

材料二：刘贺墓出土了《论语》《礼记》等儒家简书，及绘有孔子图像、载其传记的矩形铜镜，这是迄今发现的最早的孔子像。一些人据此轻易判断：刘贺绝非不学无术的纨绔子弟，而是一个有着深厚文化素养的宗室贵胄，《汉书》中对刘贺的记载不足为信。

（1）指出《汉书》是哪种类型的史料？根据材料一，概述你对刘贺帝位被废的认识。（5分）

（2）你如何理解材料二中所说的对刘贺的评价是“一些人据此轻易判断”？（要求：结合材料二内容，从史料与历史研究的角度进行说明。4分）

解：

（1）类型：史书，文献资料。（2分）

认识：刘贺入朝后行为处事不遵守礼仪规则，引起群臣不满并联名上奏，最终帝位被废。（3分）

（2）理解：材料二中仅凭现有的出土文物来推翻《汉书》中记述刘贺的观点不够客观，证据不够充分，出土文物还要与其他史料互证才能得出结论。（言之有理即可得分）

例：无论古今，在一些重大的时间节点上，会发生新旧交替的社会转型。阅读材料，完成下列要求。

材料一：春秋战国时期，铁制农具已在相当大的范围内得到使用和推广。铁器作为一种新的生产力因素，为促进社会生产创造了条件。同时，社会上又普遍使用了牛耕。随着生产力的发展。小土地私有制逐步确立。一家一户的个体小农生产应运而生。战国时期，新兴的地主阶级在许多国家掌握政权。李悝在魏国推行变法，吴起在楚国实行变法，商鞅变法是当时持续时间最长、改革最彻底的一次变法。

——摘编自朱绍侯等《中国古代史》等

材料二：1953 年，中共中央正式提出过渡时期的总路线，包括社会主义工业化建设和社会主义改造两方面内容。简而言之，就是“一化三改”的内容，它体现了发展生产力与变革生产关系的有机统一。1956 年，国民收入中公有制经济占 92.9%，工业总产值第一次超过农业总产值。新建立或发展起来的工业，几乎全都掌握在国家手里，中国的经济属于社会主义性质的经济。

——摘编自郭大钧《中国当代史》等

（1）根据材料一，说明春秋战国时期生产力发展的主要表现及影响。（10 分）

（2）根据材料二，并结合所学知识，概括指出完成“一化三改”的历史意义。（6 分）

解：

（1）表现：铁制农具（铁器）和牛耕的使用和推广。（4分）

影响：土地私有制逐渐确立：小农经济逐步形成；新的阶级关系产生（新兴地主阶级逐渐掌握政权）；诸侯国纷纷开展变法运动。（任意三点，6分）。

（2）意义：生产资料公有制占绝对优势的社会主义经济制度逐步建立；开始改变工业落后的面貌。（6分）

这里要说明的是，答题窍门并不能让考生“一定得分”，但可以帮助大家“不断靠近正确答案”。只要找准方向，就能在答题过程中摸索出得分点。

3. 检查方法

检查有两个难点：一是惯性思维作祟，导致考生看不出问题所在；二是检查流于表面，浮于形式，花了时间却不细致。因此，检查的核心是保证每检查一道题，就要把这道题检查透彻，不留死角。

1）惯性思维

人在思考时会像走路一样，按照先前的意识一直走下去，直至需要拐弯时才会改变原先的思维模式。比如在做数学题时，惯性思维常常表现在当问题的条件或情况已经改变，考生仍按照过去的习惯或熟悉的方法去思考，不假思索就认为那个最简单、最熟悉、最有可能的答案是正确的。当考生被潜在假设蒙蔽时，检查也就形同虚设了。

1. _______ the road round to the right, you'll find his house.

A. Follow　　　　B. Following

C. To follow D. Followed

2. _______ the road round to the right and you'll find his house.

A. Follow B. Following

C. To follow D. Followed

这两句话都可以翻译为“沿着这条路往右走，你就会找到他的房子”，但第一题的正确答案是B，第二题的正确答案是A。

第一题是非常经典的非谓语动词题型，按照正常的步骤应该寻找非谓语动词“follow”的逻辑主语。我们知道主语是“you”，而“you”与“follow”之间的关系为主动关系，所以应该去掉A和D。又因为并不是“为了沿着这条路走”，句子没有表达目的的意思，所以选择B。

而第二题与第一题非常相似，它们之间唯一的区别就是第二句多了一个连词“and”。我们要知道，“and”连接前后两个句子，需要两个中心谓语动词，所以必须选择“Follow”这个中心谓语动词，使这句话成为祈使句。

2）漏项

漏项的主要表现是在答题卡上将选项填错位置。这个问题很常见，可能是因为注意力涣散，看花了眼；也可能是因为遇到了难题暂时跳过了，但又忘了留空。检查时，考生可在试卷和答题卡的整数题号前做标记，5题为一组，以指读的方式逐一对照，避免漏项或涂写串行。

3）颠倒主次

检查的顺序很重要，考生要把没有把握却分值较高的题目排在第一位，这是必须花时间验算的重点；把分值不高同样也没把握的题目放在第二位。

综上所述，在战略上藐视敌人，在战术上重视敌人，是克敌制胜不可分割的两个方面。在这里，战略用来比喻决定全局的策略；战术用来比喻解决局部问题的方法；所谓敌人，可指代我们遇到的困难和阻碍。面对考试，我们同样可以用这样的思路去对待：既然十多年的战术准备已然完成，就带着藐视“敌人”的姿态轻松上阵吧！

最后，让我们以南开大学2019级信息与计算机科学专业学生杜梦娟的高中学习总结作为本节结尾，希望能给你带来一些启发。

高考，常被大家比喻成千军万马过独木桥，竞争激烈程度可想而知，而在这场比赛中获得胜利的标志就是取得足够高的分数。高中三年是一场持久战，为了最后一场考试，不仅仅是知识、体力在战斗，更是心态在战斗。在这场战斗中，相比大多数人来说，我是胜利的一方，因为我如愿通过高考考上了一个相对优秀的学校。在此，我回顾自己的高中三年以及数不清的考试经历，和同学们分享自己对于高中学习和面对考试时的几个建议。

第一个就是在日常学习知识时，切勿急于求成。

高二的时候，每次放假我总会看一部电视剧，里面的女主角从开始的学渣到最后考入最好的大学（大概相当于现在的清华大学）。我记得女主角在公交车上都在背英语单词，成绩提升很快。众所周知，看电视剧总会有一种将自己代入女主角的感觉，所以我斗志昂扬，制定着“上课刷题，下课刷题，吃饭间隙也刷题”的时间表，想象着自己下一次考到第一名后站在领奖台上领奖的场景。然而，现实情形却是我的成绩不升反降，原因很简单，因为我不仅打乱了我原来的学习节奏，而且过于追求短时间内的进步。当我看不到进步时，我的心情极其沮丧，从而使学习效率大幅度下降。所以我们在进行知识复习时，一定要稳扎稳打，切勿急于求成，要认识到短时间内看不到进步是非常正常的事情。

其次是千万不要盲目跟从。

高三刚开学的时候，我前面坐着我们年级第一名，这导致了什么后果呢？那就是他在上课的时候做什么作业，我都想伸头去看一看，然后自己也拿出对应的作业去做；他上课不听讲，那我也开始不听讲，跟他一样做题。最后的结果就是他的成绩仍排在全年级第一，我的成绩却一直在往下走，可以说这是非常不可取的行为。其实每个人都有适合自己的学习方法，即使我们常常听一些经验讲座，那也只是给我们提供参考和借鉴，而不是让你完全照搬。在学习中，每个人一定要找到适合自己的节奏，比如一个人有午睡的习惯，如果不睡下午就会一直处于犯困的状态，那么这种情况下不能看到别人不睡午觉自己就不睡。个人认为盲目跟从，只会降低自己的学习效率。

第三个就是考前要注重基础知识的复习，勿要专注于难题、刁钻题。

高三班主任常常跟我们讲，高考 80% 多都是基础题。也就是说，将这些基础题做对，就可以得到 600 左右的分数，而这 600 分可以帮助我们战胜大多数人。很多人眼高手低，花费相当多的时间去做一些很困难的题目，却不愿意去做一些基础的练习，当然，我曾经就是这样的人。以数学为例，往往每次考试，我都可以把压轴题做得很完美，拿到满分，这是我们学校很多人都无法企及的。

但是我的数学总分却是很多人都可以超越的，原因就是我在压轴题上面的优势，都由于前面的基础题丢分太多而荡然无存，所以在总分上面并没有体现出任何优势。这样做的结果只不过是满足了我的虚荣心，因为当别人都因为难题不会做而失分的时候，我就是能做出来的那极少数人之一，丢分只是因为粗心。但事实是，我花了比别人更多的时间和精力，最后却和别人拿到的分数相同，这其实是相当不划算的。好在当意识到问题之后，我可以很快地弥补前面基础题的劣势，而别人很难快速解决掉压轴题的问题。当我做出调整之后，我的数学成绩总分开始上升。主要调整包括在考试前多看一些概念，注重一些基础题，利用自主复习时间多看几遍题目或者把错题重新做几遍。最不可取的就是专门找一些难题、刁钻题去做，这不仅仅会浪费大量时间，还会扰乱自己的心态。

第四个就是正确看待考试成绩的升降，牢记考试是为了查漏补缺。高三的考试是非常多的，相比于发现考试暴露出来的问题，我们可能更容易被考试分数所迷惑——分数高的时候满心欢喜，分数低的时候怀疑人生。说实话，这也是我高三时候的真实写照。取得进步高兴是应该的，但是高兴的同时也不要忘记去发现考试中自己失误的地方，因为只要不是满分，即使考了第一，那也说明自己还有不足的地方。

我们要明确失分原因，如果有知识性丢分，就要第一时间去弥补，若是其他原因造成的丢分，也要在以后时刻提醒自己。发现成绩倒退，我们在灰心沮丧的同时更要去反思。我高三时有一个很大的毛病，那就是如果有一张试卷考得极差，我就会选择逃避。逃避的方法也很简单，就是不想再看到这张卷子，更不想看到卷子上的错题，结果导致自己也不清楚具体错在哪儿，无法认真去反思，相同的错误下次仍然会犯。在被班主任数次批评之后，我极力让自己平静下来去研究那张惨不忍睹的试卷，发现出错有的是因为审题，有的是因为知识漏洞。我把错题写在错题本上，在下一次考试前翻看，就这样有了很大的进步。我也开始将更多注意力放在错题上，而不仅仅只关注考试分数。

高中的成绩更多时候就像三角函数 $\sin\alpha$，有升有降才是常态。记住，我们蹲下是为了跳得更高，我们在模拟考中错的每一道题，都是为了让我们在高考时不会再错。所以在高考前，我们一定要正确看待考试成绩，保持自己的良好心态。

第三节 九步法，错题管理拓思路

错误是学习的大好机会。

上面这句看似简单的话，是美国教育家鲁道夫·德雷克斯（Rudolf Dreikurs）一直秉承的教育理念之一。为此，他在其经典著作《孩子·挑战》中引入了这样一个案例。

8 岁的查尔斯给外婆写了一封感谢信，妈妈说要看看。查尔斯勉强把信推过去给妈妈看。

“查尔斯，你看看，你写得多么糟糕，这么歪歪扭扭的，怎么写不整齐呢？而且拼错了三个词哦。过来，照这样再抄三遍。你可不能把这么乱七八糟的一封信寄给外婆！”

妈妈把正确的词写在错的上面，让查尔斯照着重新写。查尔斯从头开始，可是出了更多的错。他一张一张揉了好多张纸，最后，查尔斯气得泪流满面，一把扔掉了笔，大叫道：“我写不好！”

妈妈又给出建议：“你写得时间太长了，不如先干点别的吧，半个小时以后再写。”

看出来了吗?

我们对错误的强调往往具有灾难性的影响。孩子本来很享受写信的乐趣，但在妈妈的一再强调下，他的关注点已经从“享受写信”转移到了“害怕出现错误”上。因为害怕犯错，害怕被批评，这样的恐惧让他压力陡然增多，结果导致了更多错误的出现。

事实上，无论是学习者本人还是其家人，既需要看到错误本身，但又不能把目光局限在错误表面之上，而应把更多的精力聚焦在错误背后的真相上，让自己有能力带着“接受不完美”的心态和勇气去改正错误。

因此，与学会事后补救的能力相比，错误本身并不是什么大不了的事情，也不是多么可怕的事情。就像斯坦福大学数学教育专业教授乔·博勒（Jo Boaler）所说的那样：“人们的认知能力、学习能力与自身的信念和心态相关；相较于正确结果，错误反而会让大脑的突触增长得更加旺盛。”

1. 以成长型思维应对错误

我们在上一节开篇的时候提到了成长型思维和固定型思维的差异。科学家们通过检测这两种不同思维的学生在面对错误时的脑电波反应（图3-18），发现固定型思维的学生只有在被告知自己的答案是否正确时注意力最集中，而面对可以帮助他们获取学习的方法或建议时就毫不关心，这说明他们只在意结果。而成长型思维的学生相信能力会通过锻炼得以提升，于是积极地应对错误，让大脑保持高速运转并最终修正错误，这说明他们更关注学习本身。

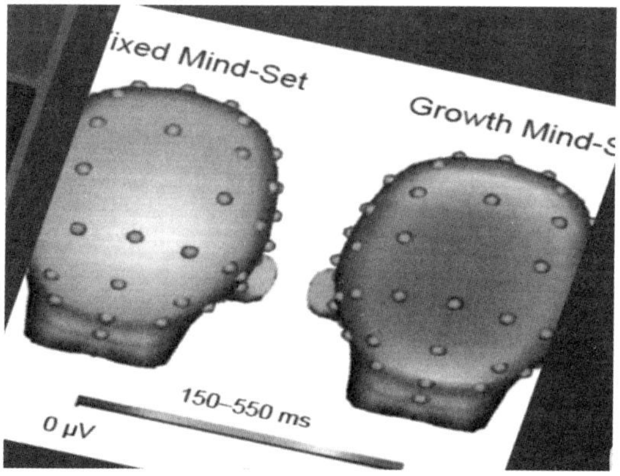

图3-18　两种不同思维在面对困难时的脑电波反应

错题管理一定是注重过程的，只关注结果只会让错题管理流于形式。相信大家都不愿意成为低效低能的学习者，因此我们一定要转变观念，多去关注鼓励的过程、努力的过程，而不被“唯结果论”的重压击垮。

2. 题海战术不可取

我们在前一节内容中总结过学习中的丢分因素，除了非知识性丢分，知识性丢分的占比也很大。想要弥补这一类丢分，光靠刷题是不行的，机械的题海战术并不能帮你快速补上知识漏洞，更无法契合更高层级的学习。

耗时耗力是题海战术最明显的弊端。且不说市面上现有的习题册五花八门，有的单本习题册内容量就非常庞大。学习者要想依靠题海战术拿到高分取得好成绩，就需要把大量时间放在习题册上，做完一题又一题，做完一页又一页，做完一本又一本……当然，如果曾经反复做过的习题碰巧成了考题，你自然会感觉这种方法有效；如果是原题照搬那就更幸运了，你不费吹灰之力就能得分。但实际上，很多习题是“换汤不换药”，题目类型重复，只简单换了数字，换种说法；有的甚至是同一道题目反复出现。表面上看，你的确很用功，但到头来，学习者掌握的只是一种或少数几种题目类型，一旦遇到创新型习题，只能抓瞎，依旧无法应对灵活多变的考查方式。

我们反对大量且重复的题海战术，但强调适当练习的重要性，甄选题目是核心，我们要优先甄选出适合我们的题目有哪些，保证题目质量，在这个基础上进行强化训练，引入大量题目进行练习，保证数量，切忌耗时做自己已经掌握的题目。正如前文我们在日常管理中提到的，学习者必须按质按量地完成必要练习，做好从零到一的积累，才能为接下来的错题管理提供基础。

3. 抽丝剥茧寻内核

2011年河北省高考理科状元王亚玉对自己学习诀窍的总结是——做题不要求多，把题做透就行了。我们也同样追求“滥做百题，不如精做一题”。错题管理有助于帮助学习者直面知识性丢分，逐步建立知识体系和题型体系，形成以点带面、以面带全的学习方法，养成变通、灵活的思维方式。

正式开始进行错题管理之前，学习者需要为各科准备错题本。这里需要注意的是，错题管理和错题本是两个完全不同的概念。

◆ 错题本是错题管理的起点，也是错题管理的一部分，但它的内容比较单一，只包括题目、过程和答案，是对错题的简单抄写。

◆ 错题管理不仅包括错题本的内容，同时更具系统性和全面性，可以实现定位功能（抓准题型，反推考点）、知识内化功能（注重思考过程和解题思路）和总结功能（梳理知识体系，完善题型体系）。

准备好错题本后，我们就将正式进入错题管理九步法的学习。还记得本章第一节中提到的挑题训练吗？我们把习题按照“完全会”“曾经会”“不太会”和“完全不会”分成四类，要求重点解决后三类。其实错题管理也要遵循这一原则，把这三类视为优先级，结合知识的重要紧急性，从“曾经会”的错题开始，依次解决“不太会”和“完全不会”的错题。对于每一类错题，我们应依据自己对知识的掌握程度、考试分数和时间管理对其进行排序，明确错题管理的步骤。

错题管理九步法按照内部逻辑，可分为问题还原、知识内化和问题升华三个阶段，从审题、拆题、解题、破题等多角度入手，形成一套抽丝剥茧、层层深入的管理体系，希望学习者能按以下步骤认真思考，积极践行，将每一次错误化成养分，为自己所用。

一、问题还原阶段

问题还原阶段是学习者将错题再现的过程，错题一般来自习题册、试卷或教材中。既然要通过汇总错误去发现其背后的规律性，那么我们在问题还原阶段需要保证誊抄的准确性。我们既可以原封不动地照抄题目，也可以在不改变原意（这点很重要）的前提下对题目做简化，尽量不删减，写全写清楚（表 3-6）。

表3-6　问题还原阶段示例

<table>
<tr><td>知识点</td><td>椭圆方程</td><td>考点</td><td>椭圆与直线的关系
设线法的应用
韦达定理的应用</td></tr>
<tr><td>题号/
题型/
题目</td><td colspan="3">题号：期末复习卷一.21（15 分）
题型：计算题
难度：3 星
题目：如图，椭圆 $C:\frac{x^2}{a^2}+\frac{y^2}{b^2}=1(a>b>0)$ 的离心率为 $\frac{1}{2}$，其左焦点到点 $P(2,1)$ 的距离为 $\sqrt{10}$，不过原点 O 的直线 l 与 C 相交于 A,B 两点，且线段 AB 被直线 OP 平分。
（1）求椭圆 C 的方程。
（2）求 PM 的斜率 k。
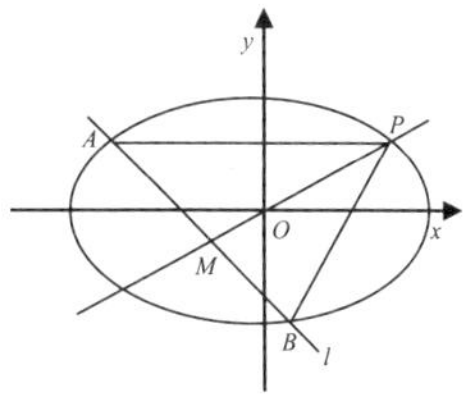
</td></tr>
</table>

1. 确定知识点（第一步）

◆ 读题：明白题目要考查的知识点。

◆ 析题：分析是考查单一知识点还是复合知识点。

◆ 定位：确定知识点的范畴。

2. 标注考点（第二步）

◆ 考试类型：单元考试 / 期末考试 / 中考 / 职业技能考试……

◆ 考点内容：例如数学数列的“裂项相消”。

3. 写清题号和题目（第三步）

◆ 题号：试卷一 .1.（1）/ 习题册 P23-2……

◆ 题目：不改原意，突出条件，简化语句，保留图表……

◆ 题目类型：填空题 / 选择题 / 连线题 / 简答题 / 名词解释题 / 材料分析题……

◆ 考查形式：图表结合 / 理论联系实际 / 案例……

◆ 考查难度：1~5 颗星，1 星简单，5 星最难。

二、问题解决阶段

问题解决是学习者将错题重新梳理、对错误原因进行分析和总结的过程。在重解某一具体题目时，我们要摒弃过去的错误思路、简单思维对自己的影响，试着跳脱出来看问题，把它当作一个全新的内容去思考。只有这样做，才是针对自己的有效补充，才能发挥错题管理实质性的作用。

1. 找出解题思路（核心环节）（第四步）

很多学习者常把解题思路混淆为解题步骤，这是不对的。相比解题步骤，解题思路是更加灵活宽泛的，更易于拓展延伸的，其作用是帮助学习者形成题目中要素和思路的条件反射。如图3-19所示，在已知条件与答案之间存在多条路径，涉及不同知识点及其组合，学习者要通过有意识的训练，从众多路径中快速找出最优方法，用最短的时间获得正确答案。

1）有什么：考点定位

“有什么”是指学习者能从试卷上直观看到的题目信息（中文、英文、数字、字符、标点等）。通过这些信息，我们能够获取知识点的性质、内容和特点。

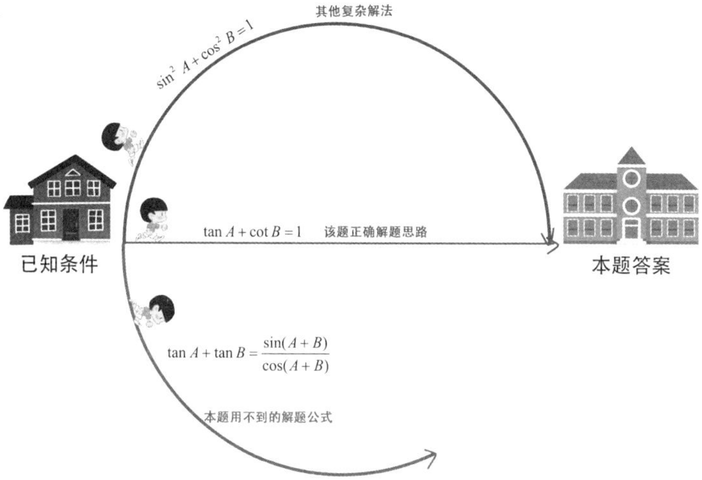

图3-19 解题思路示意

2）想什么：知识匹配

根据已知条件和问题，学习者要在头脑中快速搜索关键词所对应的知识运用范围，提取相关原理或公式，明确知识的使用条件和注意事项。

3）用什么：逻辑通道

确定了考点和知识点，学习者需要建立逻辑通道，运用对应的学科思维，选择合适的公式、定理，将眼前的题目与头脑中的知识体系进行联结。

这个环节要求学习者要多思、深思——站在答题者的角度思考解题思路、解题方法；站在出题者的角度思考出题意图、出题形式、出题方法。只有将大脑充分激活，学习者才能有效落实之后的步骤，而不是让其流于形式。

我们继续以表3-6的题目为例，看看如何对题目中的已知条件进行拆解（表3-7）。

表3-7 解题思路示例

1. 认真读题后发现：本题与椭圆和直线关系密切（定位考点）。

2. 仔细思考：第一问考椭圆方程，必然是椭圆最基础的知识点；椭圆与直线联合起来，一定会出现关于斜率的一元二次方程，所以使用韦达定理是必要的操作（匹配知识点）。

3. 条件拆解。

（1）离心率为$\frac{1}{2}$，因此$a=2c$；根据焦点到点的距离$d=\sqrt{(2+c)^2+1^2}=\sqrt{10}$，再利用椭圆的定义可以求$a$，得出$a=2,c=1,b=\sqrt{3}$；所以椭圆的方程为$\frac{x^2}{4}+\frac{y^2}{3}=1$。

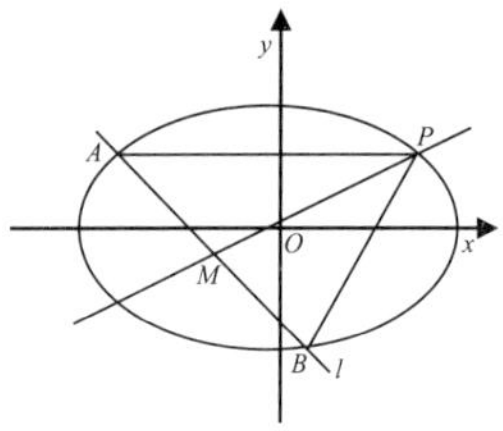

（2）不过原点O的直线l与C相交于A,B两点，可设直线$l: y=kx+b(b\neq 0)$。

线段AB被直线OP平分→中点坐标公式。

直线l→联立方程组，列韦达定理→线段AB的中点坐标。

中点在直线上→列方程→斜率k。

解：

由条件已知，直线l的斜率k一定存在且不为0，设直线AB的方程为$y=kx+b(b\neq 0)$。

设$A(x_1,y_1)$，$B(x_2,y_2)$，线段AB的中点为$M(2m,m)$。

由$\begin{cases} y=kx+b \\ 3x^2+4y^2=12 \end{cases}$，消去$y$，

整理得$(3+4k^2)x^2+8kbx+4b^2-12=0$，

则$\Delta=64k^2b^2-4(3+4k^2)(4b^2-12)>0$，　$\begin{cases} x_1+x_2=-\dfrac{8kb}{3+4k^2} \\ x_1x_2=\dfrac{4b^2-12}{3+4k^2} \end{cases}$，

所以可求得线段AB的中点$M(-\frac{4kb}{3+4k^2},\frac{3b}{3+4k^2})$。

因为M在直线OP上，所以$\frac{3b}{3+4k^2}=\frac{-2kb}{3+4k^2}$，得$k=0$（舍去）或$k=-\frac{3}{2}$。

2. 分析错误原因（第五步）

分析错误原因可以理解为反思，只有找到问题原因，才能有针对性地做出调整。不纠错，只改错，最终还是原地打转，找不到出口。如表 3-6 的例题，错误原因可能是审题不清，没有注意“不过原点”这个条件；做题缺乏思路，不知道韦达定理如何应用；方程计算错误等。只有多总结经

验教训，将过往的错误铭记于心，才能避免一错再错。

1）辨析易忘易混点

很多人在复习时既找不准自己的薄弱点，也抓不住考试的重点；又或者找准了重点但复习深度不够，时间安排有问题。所以最典型的反应就是“哎呀，我记错了”，或是“啊呀，我忘了”。

这里包含两层意思：一是由于知识点太相似，没有清晰的知识体系给予支撑，导致记忆出现了混乱；二是知识点交杂，人一紧张就头脑放空，这既是遗忘造成的结果，也是复习不到位导致的问题。

2）摆脱思路不清

思路不清的典型表现是：看着题目不知道从何入手，知道条件但找不到和答案的关系，题目看着熟悉但就是无从下笔。究其原因，是解题思路不够清晰，知识点与答案之间的转化不够熟练。

3）避免掉入出题者的陷阱

学习者常常受限于惯性思维而忽略了题目中的混淆点，导致一道很简单的题目也会丢分。面对易错点，学习者要时刻保持警惕，不断积累经验，告诫自己不要犯同样的错误；还要学会站在出题者的角度思考问题——他想考查什么，想让我出什么错误，总结出题者的命题陷阱。

3. 提出解决方案（第六步）

1）针对知识盲点

回归教材和笔记是当务之急，学习者要尽快帮助自己的大脑把这部分知识补上。求助老师和同学是最便捷的方式，他们的讲解加上自己的思考，可以避免自以为正确的情况，这比一个人抓耳挠腮来得有效。

2）针对易混知识点

对比法是比较常用的“武器”。学习者可使用列表或图示总结所学知识，同中求异，异中求同，了解并找到新旧知识的联系和区别。

3）针对思路不清

尝试把自己当作老师，给自己讲题也给同学讲题。要知道，将知识吸收后再输出，是教育目标分类法中较高级别的表现，能给别人讲清楚解题思路，就说明自己确实学到位了。讲题行为也能帮助自己逐步优化题型体系，梳理知识体系。

4）针对解题不熟练

解题不熟练表现在两方面：一是对考点不熟悉，二是对题型不熟悉。要想解决这个问题，可以利用学校的题库。题库是大量老师多年积累汇总的题目仓库，学习者既可以选择围绕同一考点的不同题型练习，理清解题思路，也可选择涉及不同考点的相同题型，总结解题方法。

针对表3-6的例题，学习者制定的解决方案包括：从当下开始，每周练习两道与椭圆方程有关的题目；每2~3天完成一次口算练习，提高计算正确率；每次读题至少三遍，必须勾画重点条件。

三、问题升华阶段

或许有人会说：“错题整理也太麻烦了，还不如多做几道新题来得快。”如果你也有这样的想法，那真是大错特错了。正如前面我们所讲的那样，错题管理的意义并不在于错误本身，更多的是对学习方法的完善。题海战术只会让人越做越枯燥，越做越厌烦。

学习从来就不是一件轻松的事情，其本身更是一种不断重复的过程。学习者想要调动对学习的热情，自然要开动脑筋，把现有的题目“玩出花样”，这样不仅可以渗透、活化所学的知识，而且可以开阔思路，培养发散的创新思维能力，收获“讲好一题，带活一片”的效果。

1. 一题多解（第七步）

俗话说“条条大路通罗马”，很多实际问题其实都可以通过多种办法去解决。只是在日常的生活和工作中，我们已经习惯只选择一种自认为简单而快捷的方法，但回到学习本身，还是应该丰富解题手段，以应对千变万化的题型。

一题多解注重解法和条件的对应关系，旨在培养学习者从不同角度、不同侧面去分析问题，加深对知识的理解，最终找到最佳解法（表3-8）。

1）代入消元法

代入消元法简称代入法，基本思路是“消元”——把“二元”变成“一元”，在数学和物理等科目中经常使用。先将方程组中一个方程式的未知数，用含有另一个未知数的代数式表示，再将其代入另一个方程式中，这就消去了一个未知数，得到一个一元一次方程，最后求得方程组的解。

2）图解法

图解法可以解决线性规划问题和其他数学运算。先建立平面直角坐标系，标注x轴和y轴；再标明图像内的约束条件，找出可行域，或判定可行域是空集；最后图示目标函数，寻找最优解。

3）分类讨论法

在解答某些问题时，有时需要对各种情况加以分类，并逐类求解，然后综合求解，这就是分类讨论法。方法是首先明确讨论对象，确定对象的全体；然后确定分类标准，正确进行分类；接着逐步进行讨论，获取阶段性结果；最后归纳小结，综合得出结论。有关分类讨论的题目具有明显的逻辑性、综合性、探索性，旨在训练学习者的思维条理性和概括性。

表3-8 一题多解示例

题目	如图，椭圆$C:\frac{x^2}{a^2}+\frac{y^2}{b^2}=1(a>b>0)$的离心率为$\frac{1}{2}$，其左焦点到点$P(2,1)$的距离为$\sqrt{10}$，不过原点$O$的直线$l$与$C$相交于$A,B$两点，且线段$AB$被直线$OP$平分。求$PM$的斜率$k$。 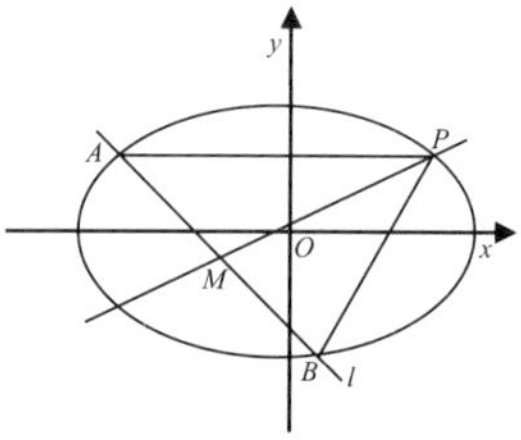
方法一	由条件已知直线l的斜率k一定存在且不为0，设直线AB的方程为$y=kx+b(b\neq 0)$。 设$A(x_1,y_1),B(x_2,y_2)$，线段AB的中点为$M(2m,m)$。 由$\begin{cases}y=kx+b\\3x^2+4y^2=12\end{cases}$，消去$y$， 整理得$(3+4k^2)x^2+8kbx+4b^2-12=0$， 则$\Delta=64k^2b^2-4(3+4k^2)(4b^2-12)>0$，$\begin{cases}x_1+x_2=-\frac{8kb}{3+4k^2}\\x_1x_2=\frac{4b^2-12}{3+4k^2}\end{cases}$， 所以可求得线段$AB$的中点$M(-\frac{4kb}{3+4k^2},\frac{3b}{3+4k^2})$。 因为$M$在直线$OP$上，所以$\frac{3b}{3+4k^2}=\frac{-2kb}{3+4k^2}$，得$k=0$（舍去）或$k=-\frac{3}{2}$。
方法二	线段AB被直线OP平分→中点坐标公式→坐标和→平方差公式→点差法 设$A(x_1,y_1),B(x_2,y_2)$，线段AB的中点为$M(2m,m)$。 由A,B两点都在椭圆上可知：$3x_1^2+4y_1^2=12,3x_2^2+4y_2^2=12$。 两式相减得：$3(x_1+x_2)(x_1-x_2)+4(y_1+y_2)(y_1-y_2)=0$。 $k=\frac{y_1-y_2}{x_1-x_2}=-\frac{3}{4}\frac{x_1+x_2}{y_1+y_2}=-\frac{3}{4}\frac{2m}{m}=-\frac{3}{2}$。
方法三	椭圆的方程→三角函数代替x与y→参数方程 因为线段AB的中点可设为$M(2m,m)$， 所以可设直线AB的参数方程为$\begin{cases}x=2m+t\cos\alpha\\y=m+t\sin\alpha\end{cases}$（$t$为参数），代入$3x^2+4y^2=12$，得：$(3+\sin^2\alpha)t^2+4m(3\cos\alpha+2\sin\alpha)t+16m^2-12=0$。 因为$t_1+t_2=-\frac{4m(3\cos\alpha+2\sin\alpha)}{3+\sin^2\alpha}=0$，所以$\tan\alpha=-\frac{3}{2}$，也即$k_{AB}=-\frac{3}{2}$。
方法四	椭圆不好求出解→把椭圆扩展成圆→仿射技巧 设直线AB的方程是$\frac{2mx}{4}+\frac{my}{3}=\frac{(2m)^2}{4}+\frac{m^2}{3}$，化简得：$3x+2y-8m=0$，$y=-\frac{3}{2}x+4m$，所以斜率为$-\frac{3}{2}$。

2. 一题多变（第八步）

学习者可以对原题进行改造，将自己的身份从做题者转为出题者；身份一转变，学习者的思维方式也会发生根本变化。拿变形后的题目去考考同学，既能检验自己对知识的掌握情况，也能增加学习的趣味性，从而更加能够契合高考的命题趋势——重视基础不动摇，年年有新题，年年不一样，本质都相同。

一题多变的具体做法是：首先你要找出一道对知识点、题型和解法已经非常熟悉的题目；然后对已知条件进行修改（包含数值、适用范围、特定形状等），既可以从广度横向拓展考点（增加问题数量，扩充知识点范围），也可以从深度纵向提升难度（总之要在新条件和新问题之间找到联结点）；最后排除漏洞，确保题目的严谨性。表 3-6 的例题就可以根据已知条件新增其他问题，如求三角形ΔOAB面积的最大值；证明OM与AB斜率乘积为定值；若$AB=5$，求AB的斜率等。

需要注意的是，尽管一题多变是拓展思维的好形式，但必须掌握一个根本原则，那就是学习者必须在已经熟练基本解法、牢固掌握法则和公式、已建立解题思路条件反射的基础上，再进行题目变形。如果基础没夯实就盲目拓展，只会让自己的思维变得更加混乱，连最基本的解题思路都掌握不好，得不偿失。

3. 多解归一（第九步）

我们仍以表3-6的例题为例，看看学习者的最后总结（表3-9）。

不难看出，多解归一就是将知识真正“搞清楚”的最后环节。这里所谓的搞清楚，是指想要完全掌握、运用知识，还需要反复阅读自己的错题本，将头脑中的知识体系和题型体系梳理清楚，不留死角。

表3-9 多解归一示例

解决中点弦问题时，往往需要强大的计算能力和逻辑思维，方法也是多种多样的。计算不熟练时，首先选择设点设线的基础方法，随着能力提升，再尝试使用其他方法	联立方程求解是解析几何中解决问题的通法，但用韦达定理和判别式后该如何进行下一步，常常让学习者犯难，此时需要再利用点在曲线上的性质，使解题思路得以延续
	点差法求解也是经常使用的方法，该方法的优点是计算量较小，但是适用性不如韦达定理广泛
	利用直线的参数方程求斜率也是一种很好的方法，使用时要注意格式
	将椭圆方程折射为一个圆，利用过圆$x^2+y^2=r^2$上的点(x_0,y_0)的切线方程$x_0x+y_0y=r^2$写出直线AB的方程，求解斜率的过程就显得更加快捷简单；但它和参数方程一样，都属于高观点解决问题的方法，做选择填空时可以用，但做大题时慎用

1）建立知识体系，突出易混易错点

知识体系需要构建，这就好比一部电视剧在没拍摄之前，一切准备都是碎片化的东西，需要一个好的导演借助剧本将所有元素进行串联。

如图3-20所示，中国历史不断经历改朝换代，政治制度不断演变，建立知识体系可以帮助学习者将所学的碎片化知识绘制成一个“地图全貌”，在框架的依托下快速提炼出每个模块的内容，方便日后在学习过程中随时调取。

在知识体系的支撑下，新知识的学习就能变得更加容易轻松。学习者可以将新知识纳入自己的知识体系，让其与自己原有的知识进行整合，将二者融会贯通就能带来学习效率的提升。此外，知识体系的建立能避免囫囵吞枣、不求甚解的学习方法，将“收集”知识变成“吸收”知识，为日后知识的拓展与创新提供基础。

2）建立题型体系，形成题目与解法的条件反射

当我们把所有的概念、性质、定理、方法等内容依次在大脑中梳理后，就不要再盲目地做题了，而是可以问问自己“这个知识点曾经考过什

么类型的题目”“这类题目的答题要点是什么”，通过错题整理环节形成从知识到题型、从题型又回归知识的完整循环。

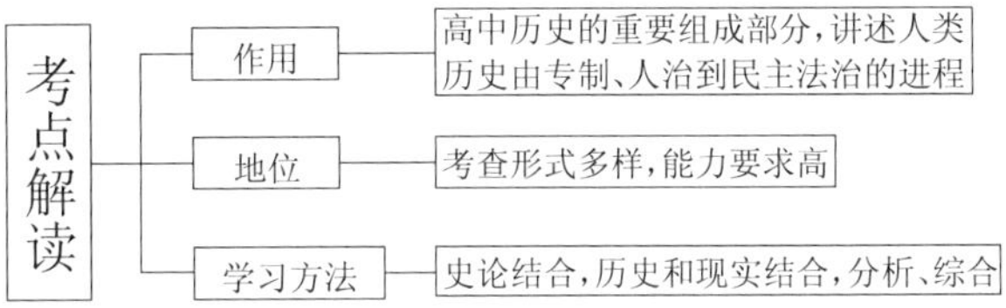

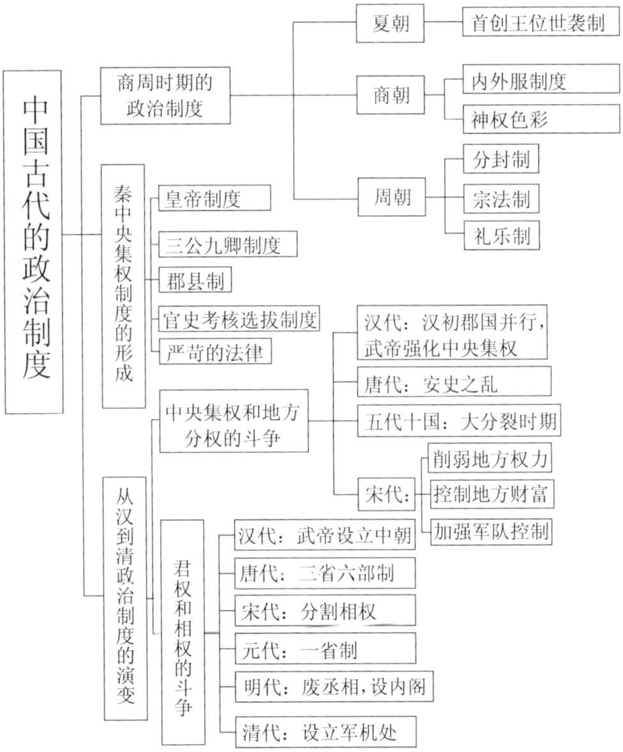

图3-20　中国古代政治制度演变

比如高考语文中常见的论述类文本阅读一般倾向学术论文，对应三小道选择题。题目表述无外乎“关于原文内容的表述正确/不正确的是哪个”“关于原文内容的理解与分析正确/不正确的是哪个”“原文中不能说明‘××’的选项是哪个”等。

“关于原文内容的表述”是相对简单的题目，对照理解即可，往往一个选项对照文中一个点；“关于原文内容的理解与分析”是较难的题目，往往一个选项对照文中一个段落或者几个点，除了对照理解还得概括分析；“原文中不能说明‘××’的选项”是需要认真勾画关键词的题目，要从四个选项中做“答非所问”的筛选和排除。沿着这样的思路把常见题型顺一遍，就能清楚地知道自己学过什么、考过什么、错过什么、改过什么，从而摆脱混沌的状态。

错题管理九步法，你掌握了吗？我们可以通过以下示例再从头梳理一遍（表3-10）。

表3-10 错题管理表示例（数学）

<table>
<tr><td>知识点</td><td>椭圆方程</td><td rowspan="2">错误原因</td><td rowspan="2">审题不清，没有注意“不过原点”这个条件；
做题缺乏思路，不知道韦达定理如何应用；
方程计算错误</td></tr>
<tr><td>考点</td><td>椭圆与直线的关系；
设线法的应用；
韦达定理的应用</td></tr>
<tr><td rowspan="3">题号/题型/题目</td><td rowspan="3">题号：期末复习卷一.21（15分）
题型：计算题
难度：3星
题目：如图，椭圆$C:\frac{x^2}{a^2}+\frac{y^2}{b^2}=1(a>b>0)$的离心率为$\frac{1}{2}$，其左焦点到点$P(2,1)$的距离为$\sqrt{10}$，不过原点$O$的直线$l$与$C$相交于$A,B$两点，且线段$AB$被直线$OP$平分。
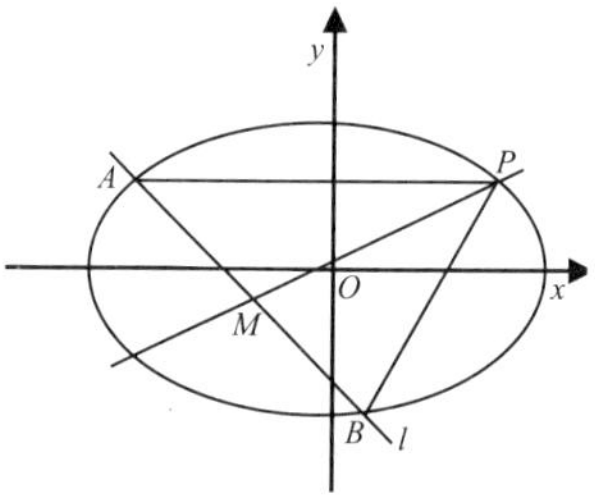

（1）求椭圆C的方程。
（2）求PM的斜率k。</td><td>解决办法</td><td>从当下开始每周打卡练习与椭圆方程有关的题目；
2~3天完成一次口算练习，提高计算正确率；
每次读题至少3遍，并勾画重点条件</td></tr>
<tr><td>一题多变</td><td>求三角形ΔOAB面积的最大值。证明OM与AB斜率乘积为定值。
若$AB=5$，求AB斜率。</td></tr>
<tr><td>一题多解</td><td>如表3-8</td></tr>
</table>

续表

解题思路	1. 认真读题后发现：本题与椭圆和直线关系密切（定位考点）。 2. 仔细思考：第一问考椭圆方程，必然是椭圆最基础的知识点；椭圆与直线联合起来，一定会出现关于斜率的一元二次方程，所以韦达定理是必要的操作（匹配知识点）。 3. 条件拆解。 （1）离心率为$\frac{1}{2}$，因此$a=2c$；根据焦点到点的距离$d=\sqrt{(2+c)^2+1^2}=\sqrt{10}$，再利用椭圆的定义可以求$a$，得出$a=2$，$c=1$，$b=\sqrt{3}$；所以椭圆的方程为$\frac{x^2}{4}+\frac{y^2}{3}=1$。 （2）不过原点$O$的直线$l$与$C$相交于$A,B$两点，可设直线$l: y=kx+b(b\neq 0)$。 线段$AB$被直线$OP$平分→中点坐标公式； 直线$l$→联立方程组，列韦达定理→线段$AB$的中点坐标； 中点在直线上→列方程→斜率$k$。 解： 由条件已知直线$l$的斜率$k$一定存在且不为0，设直线$AB$的方程为$y=kx+b(b\neq 0)$。 设$A(x_1,y_1)$，$B(x_2,y_2)$，线段$AB$的中点为$M(2m,m)$。	多解归一	解决中点弦问题时，往往需要强大的计算能力和逻辑思维，方法也是多种多样的。计算不熟练时，首先选择设点设线的基础方法，随着能力提升，再尝试使用其他方法。 （1）联立方程求解是解析几何中解决问题的通法，但用韦达定理和判别式后该如何进行下一步，常常会让学习者犯难，此时需要再利用点在曲线上的性质，使解题思路得以延续。 （2）点差法求解也是经常使用的方法，该方法的优点是计算量较小，但是适用性不如韦达定理广泛。 （3）利用直线的参数方程求斜率也是一种很好的方法，使用时要注意格式。

续表

	由 $\begin{cases} y = kx + b \\ 3x^2 + 4y^2 = 12 \end{cases}$，消去 y，整理得 $(3+4k^2)x^2 + 8kbx + 4b^2 - 12 = 0$， 则 $\Delta = 64k^2b^2 - 4(3+4k^2)(4b^2-12) > 0$， $\begin{cases} x_1 + x_2 = -\dfrac{8kb}{3+4k^2}, \\ x_1x_2 = \dfrac{4b^2-12}{3+4k^2} \end{cases}$ 所以可求得线段 AB 的中点 $M(-\dfrac{4kb}{3+4k^2}, \dfrac{3b}{3+4k^2})$。 因为 M 在直线 OP 上，所以 $\dfrac{3b}{3+4k^2} = \dfrac{-2kb}{3+4k^2}$，得 $k=0$（舍去）或 $k = -\dfrac{3}{2}$。		（4）将椭圆方程折射为一个圆，利用过圆 $x^2+y^2=r^2$ 上的点 (x_0, y_0) 的切线方程为 $x_0x + y_0y = r^2$ 写出直线 AB 的方程，求解斜率的过程就显得更加快捷简单；但它和参数方程一样，都属于高观点解决问题的方法，选择填空可以用，但是大题慎用。

为帮助大家加深对错题管理习惯的理解和记忆，我们再以一道物理题为例（表3-11）。

表3-11 错题管理表示例（物理）

知识点	竖直上抛运动	错误原因	$v-x$ 公式没记住。 运动过程分析错误（误以为绳子断后做自由落体运动）
考点	运动性质、规律、多解性		
题号/题型/题目	题号：12（14分） 题型：计算题 难度：三星 题目：气球下挂一重物，以 $v_0 = 10\,\mathrm{m/s}$ 的速度匀速上升，当到达离地面高 175 m 处时，悬挂重物的绳子突然断裂，求：（空气阻力不计，$g = 10\,\mathrm{m/s^2}$）	解决办法	加深公式的推导记忆。 加深常见运动过程模型的理解

续表

<table>
<tr><td rowspan="2"></td><td colspan="2" rowspan="2">（1）重物再经多长时间落到地面？
（2）落地前瞬间的速度多大？</td><td>一题多变</td><td>在某塔顶上将一物体竖直向上抛出，抛出点为A，物体上升的最大高度为20 m，不计空气阻力，设塔足够高，则g=10 m/s²。
（1）物体抛出的初速度大小为多少？
（2）若塔高$h=60\,\text{m}$，求物体从抛出到落到地面的时间和落地速度大小。</td></tr>
<tr><td>一题多解</td><td>全程法：取初速度方向为正方向。重物全程位移
$h=v_0t-\frac{1}{2}gt^2=-175\,\text{m}$，
可解得$t=7\,\text{s}$（$t=-5\,\text{s}$舍去），
由 $v=v_0-gt$，得 $v=-60\,\text{m/s}$（负号表示方向竖直向下）。</td></tr>
<tr><td rowspan="4">解题思路</td><td>运动过程分析</td><td>物体初速度为10 m/s，方向竖直向上</td><td rowspan="4">多解归一</td><td rowspan="4">（1）分段法
上升过程：$v_0\neq0$、$a=g$的匀减速直线运动。
下降过程：自由落体运动。
（2）全程法
整个过程：初速度v_0向上、加速度g竖直向下的匀变速直线运动，应用规律$v=v_0-gt$，$h=v_0t-\frac{1}{2}gt^2$。</td></tr>
<tr><td>受力分析</td><td>物体在空中只受重力作用</td></tr>
<tr><td>确定运动模型</td><td>竖直上抛运动（绳子断裂后，重物先匀减速上升，速度减为零后，再匀加速下降）</td></tr>
<tr><td>确定已知条件</td><td>$a=-g=-10\,\text{m/s}^2$，
$v_0=10\,\text{m/s}$</td></tr>
</table>

续表

	根据“知三求二”大思路，充分利用已知条件	重物上升阶段，时间 $t_1=\frac{v_0}{g}=1\,s$，由 $v_0^2=2gh_1$ 可知，$h_1=\frac{v_0^2}{2g}=5\,\text{m}$，重物下降阶段，下降距离为 $H=h_1+175\,\text{m}=180\,\text{m}$。 设下落时间为 t_2，则 $H=\frac{1}{2}gt_2^2$，故 $t_2=\sqrt{\frac{2H}{g}}=6\,\text{s}$。 重物落地总时间 $t=t_1+t_2=7\text{s}$，落地前瞬间的速度 $v=gt_2=60\,\text{m/s}$。		正负号的含义（取竖直向上为正方向）： $v>0$ 表示物体上升，$v<0$ 表示物体下降。 $h>0$ 表示物体在抛出点上方，$h<0$ 表示物体在抛出点下方。

请记住，错题管理的优先级是那些“曾经会”“不太会”和“完全不会”的题目，我们要把每道题按照问题还原、知识内化和问题升华三个阶段层层递进，像剥洋葱一样去剖析题目的内在关系和内在逻辑，最终构建起属于自己的解题思路。

错题管理是我们学习之路上一笔巨大的财富，千万别写完以后就丢到一旁不闻不问，让心血白白浪费了。如果复习时间充裕，考前一定要把错题重温一遍，就算时间不够用也得翻开看一看，机会一定会眷顾有准备的人。

本章重点回顾

◆ 行为影响习惯，习惯强化行为，行为决定结果。

◆ 预习的意义就是为了帮助学习者有能力和信心去掌控听课的主动权。

◆ 听课是掌握课程核心的关键环节，需要调动眼、耳、口、手、脑来捕捉重点。

◆ 回顾是复习的预演，能最大限度地避免遗忘。

◆ 练习的原则是将考试情境代入，其实质就是做好考试的训练。

◆ 总结能帮助学习者了解自己对知识的掌握程度。

◆ 非知识性丢分的实质是专注力出了问题。

◆ 考后管理可以为新一轮学习周期找准方向，确立起点。

◆ 考前管理要重点关注目标分数、答题预案、情景预演和其他注意事项，从技术和心态两方面入手将自己逐渐代入考试状态。

◆ 考中管理是考生执行答题预案，积累临场应变能力的过程，帮助大家学会直面压力，化解压力。

◆ 滥做百题不如精做一题，题海战术无法契合更高层级的学习。

◆ 错题管理习惯旨在帮助学习者直面知识性丢分，逐步建立起知识体系和题型体系，形成以点带面、以面带全的学习方法，养成变通、灵活的思维方式。

第四章　解锁隐藏武器，掌握学习技能

技能是个体运用已有的知识经验，通过练习而形成的确保某种活动得以顺利进行的合乎法则的活动方式。我们把与学习者息息相关的思考、阅读、运算等技能，统一归为学习技能。

面对同样一道题，有的人能快速找出捷径并获得正确答案，而有的人则要绕很多弯路，浪费大量的时间；面对同样一段文字，有的人能快速阅读，归纳中心，有的人却被方块字绕晕，不知所云；面对一种解题思路，有的人能很快领悟，举一反三，有的人无论怎么讲解都理解不了……这种差异就来自学习者是否已经具备了学习技能。如果一个人在学习过程中不改变思维，不重视方法，也不讲究技巧，那他一定不会取得可喜的成绩，结果往往差强人意，也注定会走许多弯路，浪费不少工夫。

学习技能能够帮助学习者使用有效的学习策略，减轻学习负荷。就像是被植入了一种具体的操作程序，在理解事物是什么之后，学习者就知道该如何控制和调节自己的思想和行为去应对。因此，学习技能可以影响学习者的个性品质，属于一种内隐的智力活动。

第一节　巧借学科思维“穿针引线”

我们先来看看图 4-1，不同的人对这幅图进行了不同的描述。

图 4-1　苹果树

学生 A：图上有苹果掉在了地上。这难道是一个关于科学家牛顿的故事吗？

学生 B：图中有苹果在树上，还有苹果在地上，说明苹果已经成熟了，那我分析，这一定是想告诉我们“秋天到了”。

学生 C：图中共有 10 个苹果，可它们并没有画在一起，树上 7 个，地上 3 个。那这应该是一道有关加减运算的小学数学题，比如

“地上有3个苹果，树上有7个苹果，请问一共有几个苹果”，或者“一共有10个苹果，树上有7个，那么地上有几个”。

学生D：这些苹果的颜色那么深，可不像是平时我们吃的那种。要是真在现实生活中出现，我肯定认为它们是一堆毒苹果。哎呀，万一有人吃了怎么办？想想都后怕！

……

不难看出，面对相同的内容，不同的人从不同的角度来切入，没有对错之分，没有好坏之别。而学科思维就是学习者针对某一学科，在提出问题、解决问题的过程中所采用的思考问题的方式、手段和途径，是对某一学科的本质认识。它能把思维能力的培养和学科知识的教学进行有机整合，帮助学习者从整体上把握学科结构，获得从学科入门到学科精通的法宝，具有普遍的指导意义。

很多人评价自己“反应慢”，感觉学习力不从心：一道数学题好像别人都会，就自己觉得吃力；那个人明明没花多少时间学英语，但成绩就是比自己好。产生这种差距的原因，或许就在于学科思维是否建立。如果我们把解决问题的过程看成是一段旅程，那么学习者的思路就像一辆行驶在公路上的汽车，它知道应该去哪里，但是怎么去、往哪边走、前方有路没路不确定。学科思维此时就是引领汽车的向导，能让我们在错综复杂的交通网中探寻出最便捷、最宽阔的一条路线，从而直达目的地，而不至于绕远路或是跑偏方向。

学科思维能为某一学科门类建立一个全局性的、整体性的、具有统筹性的思维脉络。只有建立起学科思维的学习者，才能更好、更快、更深刻地理解所学知识，并将知识内化成能力。如果学习者忽视学科思维的培养，不遵循学科的性质和特点，学习效率就会随之下降，将来也无法适应日益增长的社会需求。

在义务教育、中等职业教育、高等教育等教学阶段的科目考试中，考查核心一直是从知识考核到能力考核，再到学科思维考核，针对学习者的能力做一系列拓展。不同学科的考查核心各有不同，比如自然科学学科（生物、化学、物理、地球及空间科学、数学、计算机、应用科学等），它们互属不同类别，其核心包括构建和划归的思想、结构与功能的思想、进化与适应的思想、物质与能量的思想、平衡与调节的思想等。这些思想既可以同时体现在同一学科中，也可以各自存在于单一学科中。下面举个例子让大家感受一下。

1967 年由联合国签署通过的《外层空间条约》（Outer Space Treaty，全称《关于各国探索和利用包括月球和其他天体的外层空间活动所应遵守原则的条约》），同意“探索和利用外层空间，包括月球和其他天体，应为所有国家的利益和福祉而进行，不论其经济或科学发展程度如何，都应是全人类的事业”。作为国际空间法的基础，《外层空间条约》在当时为多国进入空间的项目提供了法律基础。

然而，在最初制定该条约时，人类在探寻空间资源领域尚存在科技和认知等方面的局限。眼下，随着小行星采矿越来越逼近现实（美国有两家公司已经明确表示要利用小行星探测飞船，全面开展小行星采矿工作），《外层空间条约》的相关条款也在受到质疑。俄罗斯、巴西、比利时等国认为，开采小行星的行为违背了《外层空间条约》，条约虽然没有明确禁止采矿，但禁止“国家占有”外星天体。由于条约在这方面并没有给出明确的指导性规定，构建新的国际框架也并非易事，一旦小行星采矿实现，必定会给全球矿产资源权益带来影响。

让我们考虑一下小行星采矿的可能性以及随之带来的问题，比如：开采技术是否可行；将矿产找到并带回地球的高昂成本是否值得；所获收益属于私人公司、国家政府还是国际组织；怎样探索和利用外层空间才能实现所谓的“全球公平”，而公平的定义究竟又是如何；联合国可以提出哪些政策……这些内容无疑需要选取合适的度量标准和工具，以建模的形式来确立，利用数学思维进行最大限度的模拟，以平衡多方利益，规避各种风险。这就是学科思维的“建模思维”。

如果觉得这个例子离我们的生活有些遥远，那不妨再看看生活中的事件。

某传染性疾病在A城市爆发。1月1日，该城市的病毒感染人数为20人，之后每天新增感染者50人。为了确保医疗资源满足救治需要，政府制定了在月底感染人数不超过8 670人的管控目标。那么A城市感染人数最多的那一天是1月几日？最多感染人数将达到多少？

我们假设第n天的感染人数最多，那么第$(n+1)$天感染人数开始减少。根据我们学到的知识，将感染人数最多的那一天设为$f(n_1)$，最多感染人数设为$f(n_2)$，等差d为50人。已知第一天感染人数为20人，则：

$$f(n_1)=20+(n-1)\times d$$

$$f(n_1)=50n-30$$

$$f(n_2)=20n+\frac{nd(n-1)}{2}$$

$$f(n_2)=25n^2-5n$$

根据这个数学模型，政府就能制定出有关城市传染性疾病的治理目标和办法，提前安排好保医疗资源。

我们还可以举一个例子。

有这么一个人，他在六门科目考试中至少有一门考试不合格，这门不合格的学科有什么特点？众所周知，数学四大思想包括函数与方程、转化与化归、分类讨论和数形结合。这种生活类事件就可以借用数学思维进行转化。

存在一个X，这个X的范围在0到1之间，在这个范围内至少有一个数，可以使X的平方与X的和小于等于a，那么a可能是多少？

把这句话“翻译”一下：

$X \in (0, 1)$，至少有一个X能使$X^2+X \leq a$成立，求a的取值范围。

我们可以找到两者的对应关系：

存在一个人=存在X；

有六门科目考试=类似（0，1）的取值范围；

至少有一门考试不合格=至少有一个值X，使得$X^2+X \leq a$成立；

这门学科有什么特点=求a的取值范围。

当然，如果你觉得这道题通过建模的方法不好进行思考，也可以利用对比转化的思想，将其改为一种简单的数学模型。“至少有一门考试不合格”的相反思想是“所有科目都合格”，那么原题可以转化成一个新题：

$X \in (0, 1)$，任何一个X能使得$X^2+X > a$成立，求a的取值

范围。

a 比（X^2+X）的最小值都小，那么 $a \leqslant 0$；再往相反转化，得到 $a > 0$ 自然就是正确答案了。

如今的高考命题已经开始朝向“解决实际问题”的方向进行调整，就是为了检验学习者对学科思维的构建程度。很多人误以为学习学科思维就是为了应付考试，其实不然。当你走向社会，面对各种挑战时就会发现，学科思维早已体现在各种实际工作之中，学习者必须多体验、多思考、多学习，来帮助自己建立学科思维。

学科思维最简单的应用方法就是利用错题管理来梳理思路；多阅读相关书籍，和同学讨论交流，与学习小组分享沟通，找到任课老师获得专业指导，也是不错的选择；增加生活阅历，利用假期多参与社会实践工作、夏（冬）令营等集体活动，都可以帮助我们利用生活日常加深对学科思维的理解。

第二节　妙用科学记忆"化繁为简"

人类的大脑有许多功能区，每一个功能区都有独特的记忆功能。但学习者每一次记忆的内容是散碎的，相互之间没有联系，如果想把它们串成一个知识体系，仅凭零散记忆很难完成，就算做到了也是暂时的，不会成为长久记忆。这就好比我们在家里整理衣物，如果将衣物全部堆放在一起，没有分门别类，现在让你快速找到一件衬衣，绝对是一项艰巨的任务；但如果一开始在放置衣物时，就按照衬衣、裤子、外衣、袜子等分类，并提供固定的空间去存放，那么找起来就会方便许多。因此，学习者在获取知识的同时，还应该学习科学记忆的方法，这不仅是必要的，也是必需的。

1. 遵循规律，加深记忆痕迹

科学记忆是学考的基础，也是学习者需要掌握的一项基本技能。学习者不能一味地死记硬背，既浪费时间又可能白费力气，而是要遵循记忆的客观规律，安排好学习时间和学习内容，这样才能记得又快又准，遗忘得又慢又少。

大家先试着默写几组词语，看看效果如何（每个词语停留 2 秒左右，默写时不用按照顺序记录）。

学习　方法　口香糖　一直　雪　雪　右手　广泛　电线

死亡大峡谷　手机　纸杯　核桃　椅子　棉衣　广场　门锁

其他 走路 必须 远足 房间 雪 雪 海河 铁观音

试卷分析 美女 帅哥 学信

____

____

____

____

相信大家都能理解上述词语的意思，但“理解”不等于“记住”，这是两个完全不同的概念——理解的词语不一定记得住，记住的也不一定能理解其含义。因此，我们来看看被记住的都是哪些词语呢？

◆ 排在前面的词语应该最容易被记住，但不会超过10个。

◆ 排在最后的四个词语应该能被记住。

◆ 多次出现的词语应该印象深刻，比如“雪”。

◆“有个性”的词语容易被印刻在脑子里，比如“死亡大峡谷”。

◆ 排在中间的词语遗忘率最高。

通过实践，我们发现了有关记忆的一些规律。

◆ 学习者容易记住开始和结束时的内容。

◆ 学习者更容易对有画面感、可联想、有节奏、有特点、多次重复的词语进行记忆。

部编版语文七年级上册课文《从百草园到三味书屋》的第2自然段是学生必背段落。这一段景物描写，有近景，有远景；有静态，有动态；有视觉、听觉，还有味觉。百草园的一切，在少年鲁迅的心目中是那样生机勃勃，情趣盎然。“不必说……也不必说……单是……”的句式，既暗含了作者的描写顺序，也为学生记忆提供了线索。

不必说碧绿的菜畦，光滑的石井栏，高大的皂荚树，紫红的桑椹；也不必说鸣蝉在树叶里长吟，肥胖的黄蜂伏在菜花上，轻捷的叫天子（云雀）忽然从草间直窜向云霄里去了。单是周围的短短的泥墙根一带，就有无限趣味。油蛉在这里低唱，蟋蟀们在这里弹琴。翻开断砖来，有时会遇见蜈蚣；还有斑蝥，倘若用手指按住它的脊梁，便会啪的一声，从后窍喷出一阵烟雾。何首乌藤和木莲藤缠络着，木莲有莲房一般的果实，何首乌有臃肿的根。有人说，何首乌根是有像人形的，吃了便可以成仙，我于是常常拔它起来，牵连不断地拔起来，也曾因此弄坏了泥墙，却从来没有见过有一块根像人样。如果不怕刺，还可以摘到覆盆子，像小珊瑚珠攒成的小球，又酸又甜，色味都比桑椹要好得远。

2. 劳逸结合，巧用间歇记忆

大脑还有一项很厉害的功能，那就是在刚吸收完新知识的短时间内，还可以保持高效的记忆能力。比如一个人在持续学习一小时后准备休息，但此时他的大脑神经元依然处于活跃、兴奋的状态，并会新建一条通路用于记忆。这个过程大约维持 10 分钟；10 分钟之后，记忆状态会从兴奋慢慢趋于平静。

由此可见，长时间持续学习并不能提高记忆的效率，反而容易让人产生疲劳感，真正可以利用的反而是休息时间。间歇学习法就是利用这一原理，使学习者既能保证休息，还可以让记忆保持在一个高效的状态。

按照间歇的记忆曲线（图 4−2），我们可以这样安排作息节奏：在课堂学习 40~45 分钟后，花 4 分钟左右的时间上个厕所，喝口水，缓解一下眼睛疲劳；然后再利用 4 分钟左右的时间把课堂内容过一遍，此时你会发现，课上 40~45 分钟的内容其实并不多（尤其是新授课），第一个记忆陡落点就顺利通过了。此时，上课前 2 分钟铃响起，我们再快速翻阅一下下节课的内容即可。这样一来，课间 10 分钟就被安排得明明白白了。可千万别小看这 10 分钟！利用好短暂的休息时间对知识进行再记忆，可以节约回家后近 2 个小时的复习时间，而且记忆得更牢固，何乐而不为呢？

前文从认知心理学的角度还提到过前摄抑制和后摄抑制。前摄抑制就是学习过的材料对保持和回忆以后学习材料的干扰作用；后摄抑制就是后学习的材料对识记和回忆先前学习材料的干扰作用。其实大脑的活跃并没有一个固定时段，但由于早晨不受前摄抑制的影响，临睡前不受后摄抑制的影响，记忆力都会更好，所以大家也可以多利用这些时间来复习所学内容。

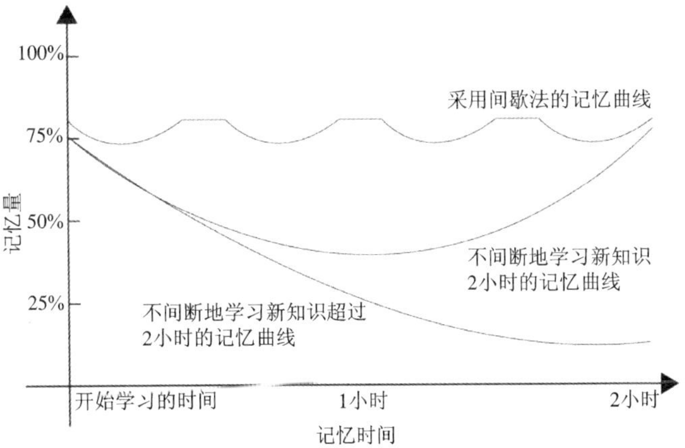

图 4-2　间歇的记忆曲线

3. 脑眼配合，加速阅读速度

无论是应对考试还是面对工作，许多事情都是有时间限制的。尤其是在考试中，大量的文字堆积在一起，既传递了题目信息，也暗含了考查重点，需要考生集中注意力，花尽可能少的时间将其解读出来。如果一个考生不具备快速阅读的能力，每道题都一个字一个字地“细嚼慢咽”，估计整场考试下来，还会有大片空白留在卷面上。因此，阅读并不是看得越慢就越好，信息也不是接收得越慢就越深刻。

人类的大脑很神奇，可以自动吸收信息并进行智能化处理。如果能高效地利用大脑及视觉系统，我们的阅读速度和理解能力就能快速提升。安妮·琼斯（Anne Jones）连续6次获得“世界思维导图暨快速阅读锦标赛”的冠军。她仅用47分钟01秒就读完了51万字的《哈利·波特与死亡圣器》，并在读后马上复述出整本书的内容。这样的傲人战绩就是得益于快速阅读。

关于快速阅读的方法，学习者可以参照思维导图（mind map）发明者托尼·博赞（Tony Buzan）的《快速阅读》（其思维导图系列丛书中的一本）。书里提供了一套通过脑眼配合来快速提高阅读能力的方法和技巧，其背后的科学原理是：大脑处理信息的能力远远超过眼睛凝视看到的内容，视觉外围区域的信息也能进入大脑的数据库。简言之，即使没有逐字逐句阅读，只要是进入视觉范围的内容，都会进入大脑的处理系统，成为潜意识的一部分。

另一方面，快速阅读不等于“速食”，它不以降低理解能力为代价，而是拥有一套属于自己的完整阅读流程，按照识别→吸收→理解→领悟→保留→回忆→交流的顺序推进。通过学习快速阅读的方法，学习者主动发掘大脑潜力，有意识地加速整个阅读流程，就能逐步提高阅读效率，为考试或工作节约更多时间。

每个人都有能力去突破阅读瓶颈。如果你不相信，可以先快速阅读下面这句话：

每一个人，都以可提高自己的阅速读度。

发现没?

即使只用短短一秒钟的时间，我们也能理解这一病句的意思，即“每一个人，都可以提高自己的阅读速度”。因此，请相信大脑在处理信息方面表现出的非凡能力。在这里，我们简单介绍两种训练方法供大家选用。

1）跳读和略读

跳读就是改变逐字逐句的阅读习惯，对材料进行扫视，寻找大脑所需特定信息的过程，比如单词、人名、特定信息。跳读是一种自然技能，应用非常简单，只需知道阅读材料的基本布局就可以，因此，这也是一种能够在实践中快速发展的技能。

略读比跳读复杂——眼睛看着阅读材料上某个预选的部分，以期获得对所读材料的整体性理解。略读的基本目标是确立一个基础结构，然后充实关键词。

2）拓展视觉能力

拓展视觉能力是速读训练中的一个关键环节，其目的在于逐步扩大和增加速读识别的单元意义块——从一个视点能识两字、三字、四字逐渐增加到两词、三词、四词，再提高到两个短语、三个短语、四个短语乃至一个长句和一个意义段。

先准备一组相对简单的数字组合，如“249 867”，要求记忆5秒后复述或默写。随着练习的深入，减少读数时间（从5秒缩短到2秒）或扩充数字组合“249 867 320”，以提高瞬间记忆能力和整体感知能力。每组练习准备30~50个数字组合为宜。

不知道大家有没有注意到，部编版语文教材中有一大特色栏目——快乐读书吧，其目的就在于激发学习者的阅读兴趣，打开学习者的阅读视野，帮助学习者习得基本的阅读方法，逐步养成良好的阅读习惯。可惜的是，由于各种各样的原因，很少有人能将课外阅读落到实处。其实，假如我们能有意识地将阅读纳入日常生活，就有望通过这种日积月累的重复行为提升阅读速度，进而在有限的时间内实现更多的阅读量。

第三节 借力科学计算“另辟蹊径”

科学计算通过运用运算定律与数字的基本性质，使计算变得简便，很容易计算出一个复杂算式的得数，帮助学习者提升计算的效率和准确性。

1. 计算能力是基础

我们先来看一下现阶段高中学生有关计算问题的现状（图 4-3）。

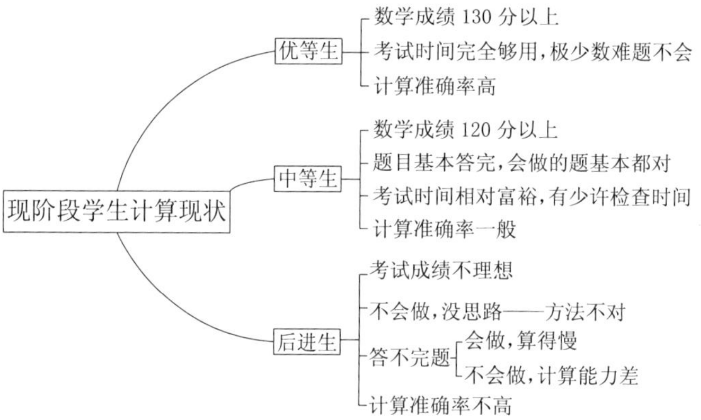

图 4-3 高中学生计算问题现状

很明显，成绩较好的学生计算准确率较高，这既得益于自身的计算功底扎实，也得益于答题迅速，考试时间够用，有富裕时间检查；成绩较差的学生一方面因为计算能力薄弱，导致错误率较高，另一方面也可能把时间都花在了做题和计算上，没有时间再检查。

计算是学习数学及其他学科的基础。如果计算出了问题，就谈不上数学成绩乃至其他学科的提升了。科学计算也离不开学科公式和定理的运用，比如“等差运算”“等比运算”，因此要把科学计算和科学记忆相结合。以高中数学为例，学习者需要掌握下列诸多的运算对象（图 4-4）。善用科学计算能让学习者计算时变得得心应手，反之则会随着知识难度的增加，变得心有余而力不足。

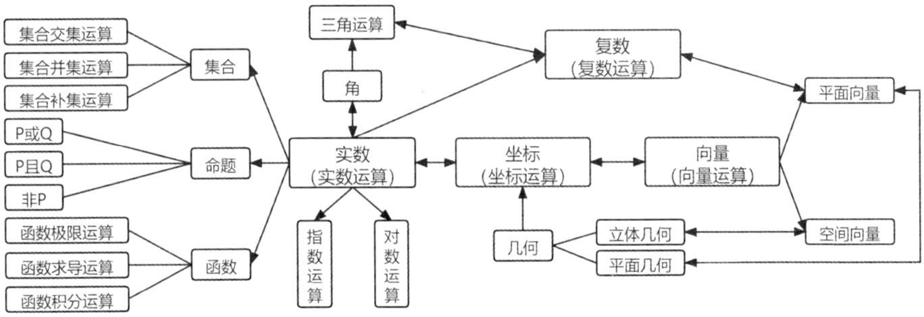

图 4-4　高中数学运算对象体系图

都说“选择比努力更重要”，显而易见，科学计算可以让时间更高效，无论是对于日常学习还是考试而言都是一种捷径。有大学数学专业老师感慨，现在的学生数学思维太局限，思考问题过于程式化，而科学计算可以帮助学习者拓宽解题思路，丰富解题方法，尤其适用于错题管理九步法中的“一题多解”。此外，随着解题思路的丰富，学习者能够运用不同的思想、不同的知识、不同的方法去解决问题，利于自身知识体系的建立（图 4-5）。

2. 找对方法勤练习

科学计算的原则是先要算得准，再要算得快，不能以降低正确率为代价换取计算速度的提升。如何做到这一点，我们也是有方法的。

1）分数的加减

分数加减法的一般步骤是：先找出两个分母的最小公倍数，使其分母统一；然后再对分子做加法或减法，得到正确的和或差。

更加快捷的方法是在算式上“画蝴蝶”（图 4-6），先把“蝴蝶翅膀”圈在一起的部分相乘，答案写在左右“两个触角”里，并将两者相加或相减得到得数的分子；然后把原数的分母相乘，得到得数的分母；最后写出正确的和或差。

“蝴蝶法”非常符合低龄学习者的天性，当他们看到“蝴蝶”后，潜意识里就会觉得学习是一件非常有意思的事，从而激发他们对数学的兴趣。

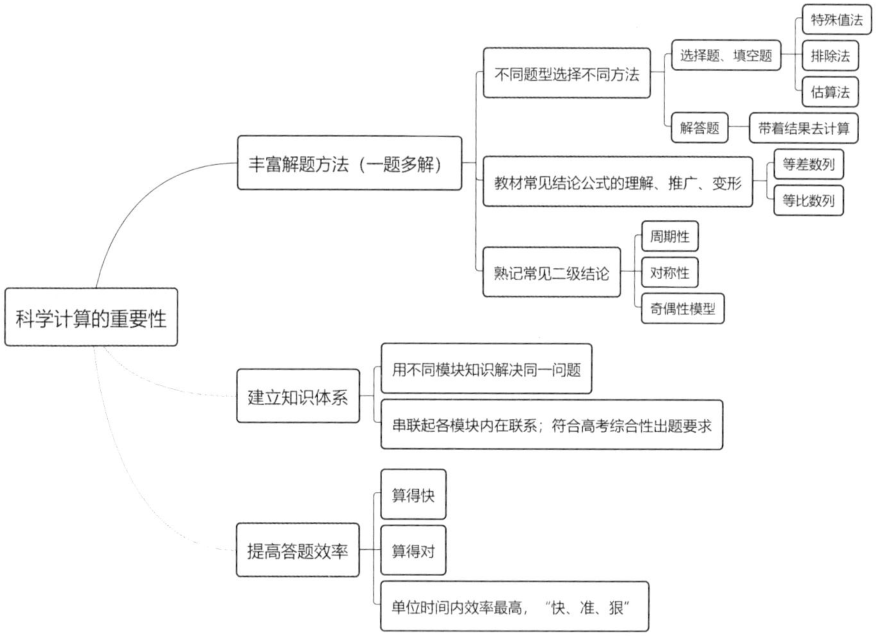

图 4-5　科学计算的重要性

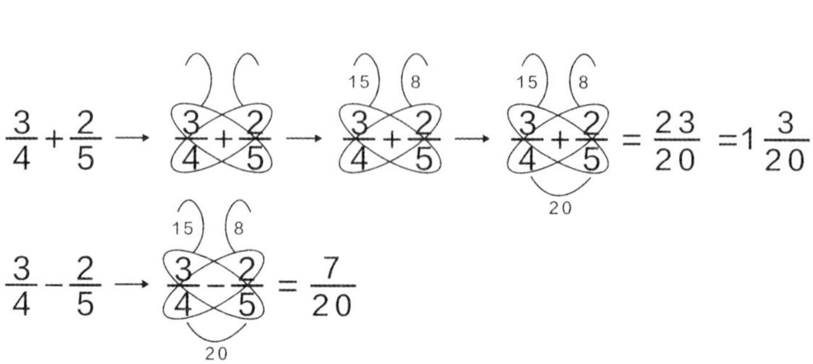

图 4-6　“蝴蝶法”计算示意

2）两位数中九十几与九十几的乘法

90 以上的数字互乘有一种简单方法，以 97×96 为例：先用 100 分别减去被乘数和乘数，得到两个差；然后用 100 减去这两个差的和，得到得数的前两位（千位和百位），再把这两个差相乘，得到得数的后两位（十位和个位）；最后写出正确的积（图 4-7）。

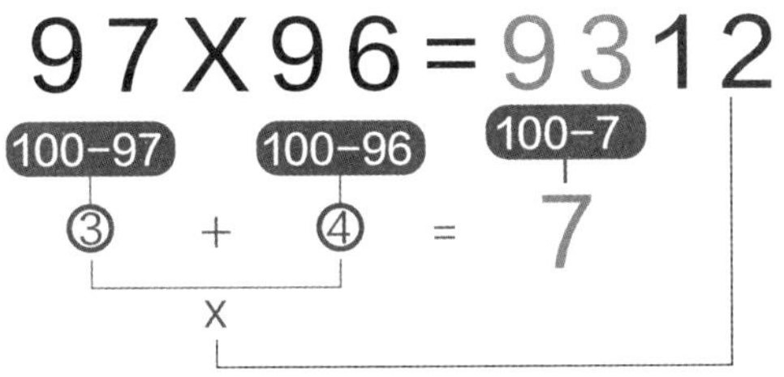

图 4-7　错位乘法示例

3）高阶版计算

“先挑题算分，再做题得分”，这一直是我们在考试管理习惯中所强调的。如果一道题的“性价比”不高，既有难度又耗时间，且不在期待分数的构成项之中，那就可以放弃它。如果这道题必须完成，但按照传统思路计算又很复杂，那就要学会转变思路，找到更加便捷的解题路径。还是那句老话：“条条大路通罗马”，不同的角度，不同的方法，不同的路径，都会影响我们获取结果的时间。

例 1：若单位向量$\vec{a}$、$\vec{b}$，满足$|\vec{a}+\vec{b}|=|\vec{b}-\vec{a}|$，则$\vec{a}$与$\vec{b}-\vec{a}$的夹角是多少？

解 1： 因为$|\vec{a}+\vec{b}|=|\vec{a}-\vec{b}|$，所以等式两边同时平方得

$\vec{a}^2+\vec{b}^2+2\vec{a}\cdot\vec{b}=\vec{a}^2+\vec{b}^2-2\vec{a}\cdot\vec{b}$，化简得$\vec{a}\cdot\vec{b}=0$，

所以$\vec{a}\cdot(\vec{b}-\vec{a})=\vec{a}\cdot\vec{b}-\vec{a}^2=0-1=-1$，

$\left|\vec{b}-\vec{a}\right|^2=\vec{a}^2+\vec{b}^2-2\vec{a}\cdot\vec{b}=1+1-0=2$，

所以$\left|\vec{b}-\vec{a}\right|=\sqrt{2}$，

设$\vec{a}$与$\vec{b}-\vec{a}$的夹角为θ，则$\cos\theta=\dfrac{\vec{a}\cdot(\vec{b}-\vec{a})}{|\vec{a}|\left|\vec{b}-\vec{a}\right|}=\dfrac{-1}{1\times\sqrt{2}}=-\dfrac{\sqrt{2}}{2}$，

又$0\leqslant\theta\leqslant\pi$，所以$\theta=\dfrac{3\pi}{4}$。

解 2：按照常规思路，要对$\left|\vec{a}+\vec{b}\right|=\left|\vec{b}-\vec{a}\right|$两边进行平方，然后化简，最后根据$\cos\theta$的公式求得夹角，运算量很大；但如果依据向量加法的平行四边形法则及题意，可得如图所示的正方形$ABCD$。

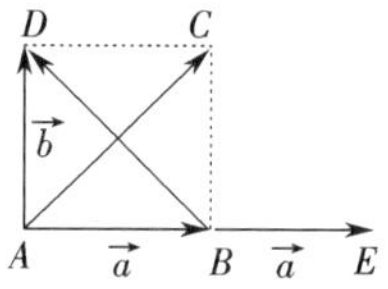

其中$\overrightarrow{AC}=\vec{a}+\vec{b},\overrightarrow{BD}=\vec{b}-\vec{a}$，所求的角即为$\angle DBE=\dfrac{3\pi}{4}$。

例 2：设$a\in \boldsymbol{R}$，若$x>0$时均有$[(a-1)x-1](x^2-ax-1)\geqslant 0$，则$a=?$

解 1：若$x>0$时均有$[(a-1)x-1](x^2-ax-1)\geqslant 0$，

因$h(x)=x^2-ax-1$在$(0,+\infty)$有一零点，所以只需要$g(x)=(a-1)x-1$，$h(x)=x^2-ax-1$在$(0,+\infty)$具有相同零点，且$a-1>0$，

$g(x)=(a-1)x-1$ 的零点为 $x=\dfrac{1}{a-1}$，即 $h\left(\dfrac{1}{a-1}\right)=0 \Rightarrow a=\dfrac{3}{2}$ 或 $a=0$（舍去）

综合可得$a=\dfrac{3}{2}$。

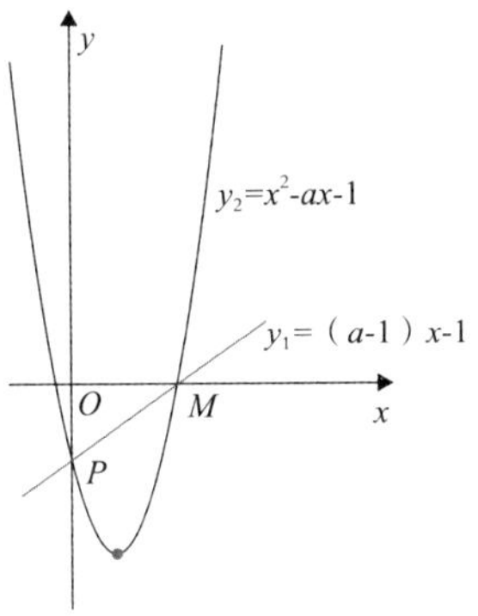

解 2：令$x=2$，

$$(2a-3)(3-2a)\geqslant 0 \Rightarrow -(2a-3)^2 \geqslant 0 \Rightarrow 2a-3=0 \Rightarrow a=\frac{3}{2}。$$

不难看出，解法 1 和解法 2 有着不同的解题思路，计算量和耗费时间也相差很大，这就是学科思维和科学计算的魅力。

本章重点回顾

◆ 学习技能可以影响学习者的个性品质，属于一种内隐的智力活动。

◆ 学科思维就是引领汽车的向导，能让我们在错综复杂的交通网中探寻出最便捷、最宽阔的一条路线。

◆ 科学记忆是学习的基础，是学习者需要掌握的一项基本技能。

◆ 长时间持续学习并不能提高记忆的效率，反而容易让人产生疲劳感，真正可以利用的反而是休息时间。

◆ 快速阅读不等于“速食”，它拥有一套属于自己的完整阅读流程。

◆ 计算是学习数学及其他学科的基础。

◆ 科学计算要与科学记忆相结合。

附　录

高中各科怎么学？学信团队来支招

得益于多年来积累的一线经验，学信教育教研团队针对高中各个学科总结出了一些独到的见解和方法，能帮助学生在应对不同学科时更加游刃有余。学生可以参考下列学习和应考经验，将学科特点与LS学习策略规划体系相融合，实现锦上添花的效果。

一、语　文

有的人文学素养很好，但语文成绩一般；有的人文学素养不强，但却可以拿到高分。这个问题出在哪儿？就出在训练方法及答题（尤其是大题）技巧上。无论你面对的是基础题还是实用题，除了要有常规的答题思路，还要学会揣摩出题者的心思，把答案写在点子上。

1. 高中语文的试卷特点

语文试卷有一个突出特点，就是试题模块化，从头到尾的大致顺序是语言基础（语音、词语辨析、句子、段落）、诗词鉴赏、文言文阅读、现代文阅读、诗词填空、语言综合应用和作文。

都说语文学习靠积累，但光靠积累不会运用也是徒劳。在LS能力训练营里，我们把语文按照基础学习和实题演练分块，每个模块用时三周进行练习：第一周学习基础用法；第二周进行模块训练，利用正确答案对照自己的答案，知道对在哪里，错在哪里；第三周加快训练速度，增加题量和难度，总结归纳各个模块的解题技巧。

文言文阅读（翻译）和作文都是丢分的大头，我们重点来看一下。

2. 重点、难点的学习方法

1）文言文翻译

遇到文言文，我们首先要依靠经验把简单的实词、虚词翻译出来，然后把感觉困难的地方圈起来，结合上下语境、人物特点、事件、时间等线索来进行推理，最后尽量使文章前后语义协调，语句通顺。因此，文言文的翻译一定要以实词、虚词的日常积累为前提，只有在平时多用心，多归纳，多记忆，考试时才能随时从大脑素材库里调取信息，做到心中不慌。

2）作文

LS 能力训练营语文优秀学员代表王岚曾总结："作文基础提升靠结构，高等提升靠思想。"所谓"基础提升"就是要求作文结构鲜明，能卡准应试的得分要求；所谓"提高思想"就是要求学生平时多看书，多思考一件事情的前因后果，多问"为什么"和"怎么办"。具体落实在考场上的做法是：先审题找规律，看题目背后传递的思想和特点是什么；然后根据这些信息建构写作大纲，确保行文环环相扣，实例鲜明，逻辑合理；最后让文章的中心思想得到升华。

很明显，"提高思想"是写作的难点，它必须建立在一定的文学积累之上。所以我们平时一定要多阅读，尤其是看一些杂文，在放松精神的同时思考一些学习之外的事情。这些内容在日积月累的过程中不仅能提升我们的文学素养和个人气质，还会对我们未来的人生规划和思想提升产生很大帮助。

二、数 学

数学是一门神奇的学科——它似乎有一种神奇的魔力，让人欲罢不能；它又似乎像一团迷雾，让人感觉看得见却又触不可及。从实际应用性方面来讲，数学直接影响我们每个人的基本素养，因为你很难想象一个受过良好教育的人连小学计算都搞不清楚；从应试方面来讲，数学所占比很大，直接关系到每个人的考试总成绩。所以不管是为了提高个人素质还是提升考试分数，数学能力都是必须具备的。

如何学好数学？这是一个非常让人头疼的问题，很多人在学数学，尤其是学高中数学时总是不得要领。有一个很普遍的现象是，初中阶段数学还能取得不错成绩的人，一到高中就有点力不从心了，要么分数一落千丈，要么分数起起伏伏不稳定；加上高中数学本身越发抽象，想要快速扭转劣势也并非易事。问题出在哪里呢？其实仔细思考一下就知道，其本质原因就是学习者没有准确把握数学的学科特点，缺少学习数学的正确方法。

1. 高中数学的学科特点

1）知识容量陡增，连贯性强

高中数学的知识量远多于初中阶段，它既与初中数学有衔接，又是初中数学的进阶、拓展及延伸。高中数学课堂容量大，课程难度升级，一旦老师的授课速度加快（部分地区基本在高二上半学期结束所有新课），就会对学生的思路严谨性、概念抽象性和应用广泛性等能力提出更高要求，这导致部分学生对知识理解不深入，记忆不牢固，遇到题目无从下手或分析不到位等情况时有发生。其实，高中数学的课程设置遵循了循序渐进的原则，我们要做的就是夯实基础，在课堂上紧跟老师节奏，课下注重落实，保证知识积累的连贯性。

2）数学语言更加抽象，与现实语言有较大差别

初中和高中在数学语言方面有着显著的区别。初中数学主要以形象、通俗的语言方式进行表达；而高中数学一下子就触及了非常抽象的集合语言、逻辑运算语言、函数语言和图像语言等，例如在初中学习的基础上给

出函数更加严谨的定义，这对学生而言也是一个不小的挑战。

3）和学习方法相比，更重视数学的学习思维

高中数学的思维方法与初中阶段大不相同。在初中阶段，老师会结合题目给学生建立统一的思维模式，比如解分式方程分几步，因式分解先看什么再看什么等，这种定势方式过于模板化、机械化，不能应对千变万化的高考试题。高中的数学语言更加抽象化，对学生的思维能力提出了更高要求，这种能力要求的突变会使很多人感到不适应，进而导致成绩下降。因此，高中学生一定要有意识地培养数学思维，并在学习过程中认真归纳总结，举一反三。

4）读题审题要求大幅提高，对阅读理解有了更高要求

审题是解题的开始，更是解题的关键。不少人在课堂上认真听讲，一到自己独立做题就茫然无措，尤其遇到一些条件较多的大题，更是脑子一片空白，可经过老师点拨后又豁然开朗，觉得小菜一碟。还有一些人一到考试，就会丢失原本不该丢失的分数，美其名曰“粗心”。其实，上述问题的根本原因不在于题目难，也不在于粗心，恰恰在于审题能力不足。我们需要充分挖掘题目给出的信息，形成条件与解题思路的条件反射，同时结合错题找准解题思路。

2. 高中对于数学的考查要求

1）计算能力

计算能力是学习数学的基础，准确是计算能力的基本要求，也是取得好成绩的前提之一。某些人即使数学思维遥遥领先其他人，但如果计算能力不过关，那么他的数学成绩也不会很理想。很多人总以粗心马虎作为计算失误的借口，却从未想过如何彻底解决这个问题，还习惯以“下次注意”敷衍过去。其实计算问题的本质是学习习惯的问题，我们应该找到方法去解决。

◆ 清楚相关概念，熟练掌握公式、法则，例如等差与等比数列的通项公式、求和公式、三角函数的诱导公式、指数对数的运算法则等。

◆ 计算思路要清晰，即“分析题目——建立解题思路——动笔”“设置目标——实施目标——完成目标”，切忌还没理解题意就套用公式技巧。

◆ 把日常计算练习当考试对待，规范书写，不仅要知道解法，更要明确思路。只有这样，考试才能得心应手，挥洒自如。

2）思维能力

思维能力是数学能力的核心，是人们进行思维活动的基础，虽然依托数学教材进行训练和培养，但又可以脱离数学内容适用于更多领域。因此，高考很注重对学生思维能力的考查，通常以演绎推理、归纳和类比推理为主；对观察、比较、分析、综合、抽象和概括能力的考查也是重点。

3）数学思维

数学思维是对数学知识的本质认识，是对数学规律的理性认识，是从某些具体的数学内容和对数学的认识过程中提炼上升的数学观点，也是具有普遍指导意义的数学灵魂。数学四大思维包括函数与方程思维、转化与化归思维、分类讨论思维和数形结合思维，基本不等式可以用函数的思维进行解答；根据零点个数求参数的取值范围，可以用数形结合的思想；导数大题往往用的是分类讨论思维……学生可以通过多练习、多总结、多应用，来深刻领悟这些数学思维。

3. 结合学科特点的学习方法

1）学习习惯：课前预习，课下回顾与总结

前面强调过，高中阶段的学习必须夯实基础，因此要通过预习提前知晓自己可能存在的知识漏洞，回顾和总结时发现的问题要及时解决，不要积少成多；利用考试及日常训练，进行有针对性的查缺补漏。

2）学习方法：认真听课——反复练习——针对性总结——明确目标

◆ 认真听课：保持充沛精力，充分吸收课堂知识，切忌课上不听课下补。

◆ 反复练习：熟悉所学知识在考试时的呈现形式，增加解题熟练度，提高解题效率，进一步加深对知识的理解。

◆ 针对性总结：针对每章所学内容，总结常见题型（选择题怎么考查？填空题怎么考查？解答题怎么考查？易错点有哪些？）和解题思路（选择题、填空题可用排除法、特殊值法等，解答题要注重思路的梳理和步骤的严谨性等）。

◆ 明确目标：制定相应的日计划、周计划和阶段性目标（预期分值），朝着目标努力，避免盲目行动。

三、英　语

英语是当今世界最主要的国际通用语言之一。学好英语，已经成为个人发展所必备的一项技能。

对中国学生而言，英语是一道难关。首先，英语属于印欧语系日耳曼语族，而汉语属于汉藏语系，这两种语言从语音、词汇、语法规则上都有很大不同；其次，中国学生缺乏沉浸式的语言环境，而语言环境又是语言习得的关键要素；最后，英语的实践性很强，听、说、读、写、译等能力的提高都依赖长期的、大量的实践积累。

1.良好习惯对英语学习的影响

一般来说，英语学得不错的学生在日常学习和生活中也喜欢“秀”英语，喜欢听英语歌，看原声电影，熟知国外的名人轶事……学习习惯是导致英语学习兴趣差异的关键。喜欢英语的学生往往拥有良好的学习习惯，会定期定量积累单词和语法，并抓住各种途径加以练习，大脑在反复接受刺激后，又进一步加深了学生对英语知识的理解。而不喜欢英语的学生，大多数为了应付课程和考试只知道死记硬背，学习兴趣被磨灭。

2.如何培养良好的英语学习习惯

1）课上与老师配合

课堂是知识学习的主要场所，学生一定要集中注意力认真听讲，快速记笔记，积极参与课堂问答，即眼看、耳听、脑想、口说、手写多管齐下。在这一过程中，老师的作用不可低估，其口头语言和体态语言要保持一致，独具特色，使学生一看就明，一听就懂。长期坚持下去，师生之间会达到“心有灵犀一点通”的效果，这对学生养成良好的学习习惯也是十分有利的。

2）课外多角度练习

在英语学习过程中，学生除了要保持一贯的预习、回顾和总结等步骤，还可以从听说读写等方面进行有针对性的训练。

任何一种语言都是从口语开始而逐渐变成文字的。既然语言有声，那么听和说在英语的学习中就至关重要。听是说的基础，学生要会听纯正的英语发音，在能力允许的条件下尽可能多张嘴，养成乐听乐说的习惯。这样做不仅可以纠正学生的英语发音和语调，培养语感，还可帮助记忆，为能力的进一步提高奠定基础。

阅读是伴随我们一生成长的活动，英语学习也离不开它。阅读能不断丰富学生的词汇量，帮助学生了解更多的语言知识。英语阅读分为泛读和精读，泛读以提高兴趣、培养语感为主；精读以加深理解，学以致用为主。学生可以利用提问来了解自己对文章的理解程度，通过自行设计完形填空、汉译英等练习，养成“细嚼慢咽”的精读习惯。

写作方面，俗话说“好记性不如烂笔头”。英语学习虽以听读为前提，但要做到真正掌握、形成综合运用语言的能力，还必须通过说和写来促进和检验。英语的写作训练可以借用日记形式，先把每天看到的、想到的用英语简单记录下来，再慢慢提高要求直到写出整篇文章。

3）利用错题本深度整理

错题本是学生进行反思性学习的重要工具。善用错题本，分页分区分块进行错题管理，是帮助学生弥补知识漏洞和改善学习习惯的重要手段。我们以天津市高考英语的题型为例，来介绍一下英语错题管理的步骤。

（1）题型分类。天津市高考英语的题型包括听力、单选选择、完形填空、阅读理解、阅读表达和作文。其中，听力题需要找到对应的听力材料，为下一步模块划分做准备。

（2）模块划分。每个题型大体可以按照词汇、语法、逻辑三个板块进行划分，每个板块内部又可以再细分。

词汇一般分为“相近词义辨析”“一词多义”“词性转换”和“短语搭配”等，又或者干脆按照词性划分。语法可以分为“时态”“定语从句”“宾语从句”和“情态动词”等。完形填空主要考验学生的综合能力，“长难句理解”和“词义辨析”是难点，学生可以从这两方面进行划分。

阅读理解既可以根据文中单词或句子按照词汇、语法划分板块，也可以根据答案选项进行逻辑划分，重点记录文章和选项中出现的新单词，以及同一种行为的不同表达方法。

听力题也可通过听力材料的具体内容划分这三个板块。不同的板块要在错题本上区分出来，这样再往里加入错题比较方便，同时也可以通过各个板块的题目累积数量，发现自己的强项和弱项。

（3）错误分类与分析。我们把错题按照“会（但出现了粗心大意等非知识性错误）”“曾经会”“不太会”“完全不会”四种情况分类，重点解决后三类问题，从“曾经会”的错题开始，依次解决“不太会”和“完全不会”的错题（详见本书第三章第三节）。

再次强调，学习千万不要只做表面功夫，过于注重格式而忽略内容。错题本的作用是查漏补缺，因此学生在整理时一定要静下心来有条理地完成。

4）反思性学习

学习要善于思考，正如孔子所言：“学而不思则罔，思而不学则殆”。在英语学习中，反思性学习就是从一个全新角度出发，多层次、多方位地对自身学习活动过程进行全面考察、分析和思考，以优化自身的学习方式，也是一种深入理解问题的学习方式。

学生要在老师的带领下探寻适合自己的学习方法，这不仅包括科学地记单词，做笔记，还要掌握将所学知识进行归类串联的窍门，让知识更加系统化和条理化；之后，再通过阶段性的学习成效对学习方法进行反思，借助错题找原因、寻解法。反思性学习有助于学生全面清醒地认识自我，及时调整学习策略，使自身潜力得到更充分的发展。

3.应对高考英语的复习方法

高三英语总复习是整个高中英语教学的一个重要阶段。这一阶段的任务不仅仅是在基础语言学问上的查漏补缺，更重要的是丰富学生的语言使用体验，将语言学问转化为语言能力。通过总复习，学生可以更好地把握英语学习方法，获得分析、推断、想象等思维能力及应试能力的提升，提高学生的全面素养。

1）实践第一，以练习为主

考前最后阶段的英语复习要坚持“以模仿为主，理解为辅”的学习方法。简明扼要地对所学知识进行归纳和总结，不要耗费过多精力钻研语法，而是把大部分时间放在阅读、写作和听力（即应用语言）的练习上，加深对“词不离句，句不离文”的原则的理解，在练习中巩固，在练习中应用。与其一味琢磨“为什么”，不如抓紧时间动手写写，找文章看看。

此外，学生要牢记考试说明中的词汇表。词汇表中的很多名词可归为阅读词汇，对这类词知道意思会拼写即可；但动词、介词、连词及其他常用词则必须做到“四会（听说读写）”。

2）练习时，以阅读为主

我们要把阅读作为英语总复习的主要内容，保证每天的练习量，将精读与泛读相结合；逐步熟识语言运用中的难点，如长句的结构分析、非谓语动词的含义、关联词语的使用，以及常常出现的省略与替代，学会合乎规律的推理。一定要在保证阅读的基础上，再练习完形填空、单项填空及写作。

3）听力练习要持之以恒

很多学生都曾反映2019年和2021年高考英语听力题偏难，这说明高考对中学生英语听力的要求越来越高。我们建议学生每天保证10~20分钟的听力练习，听力材料可选用由外籍人士所读的模拟试题；把握精听与泛听相结合的原则，有的段落反复听，务必弄清每个词的含义，有的内容听完就过（泛听主要培养语感）。练习听力时，学生还要学会抓住关键词语并进行预判，努力做到边听边分析。

听力测试常考的内容包括概括中心话题、推理推断、谈话详情等，一般涉及购物、看书、就餐、外出活动、对某事的看法等。显而易见，听力不是一朝一夕就能看出练习成效的题型，功夫得花在平时。

4）在实践中提高写作水平

很多学生在备战高考时有一个特点，即“只想看不想写”。那作文怎么办？在临考前突击几篇，背下来完事儿？事实上，英语书面表达总分为25分，算重点题型，写作能力也很难通过练习其他题型来提高，所以学生必须动手写，由少到多，由简单到复杂，慢慢接近高考要求。

写作的内容可以是记叙一件事，描写一个人物，也可以介绍一处风景，发表一个观点。初练时主要使用常用词和常见句型，练习一段时间后，争取能用上新颖词汇和冗杂结构。冗杂结构并非“高不可攀”，就是把简单句变为定语从句、强调句式，或使用非谓语动词短语。写作时，内容要完整且切合题意，书写要工整，词数要达到要求，必要时可向老师请教。抄写或背诵英语小文章也可以帮助我们在不知不觉中提高写作能力。

5）抓好基础题

无论什么类型什么科目的考试，基础都是重中之重，高考英语也不例外。考生应尽力拿满基础题的分，力争取得难题的分；只要基础题不丢分，考试就成功了一半。所以在最后阶段的复习中，我们一定要结合自己的实际情况分配练习的难度。基础不太好的学生在临考前，一定要以练习基础题为主，将基础词汇、基本句型掌握扎实，不要自认为简单地去和别人攀比习题难度，要真正做到“懂、会、熟”。

6）重视思维能力和其他素养的提高

高考英语不单单是考查考生对英语的理解和运用能力，同时也考查学生观察、分析、推断、综合和想象的能力。例如完形填空，只有结合上下文，经过认真解读才能推断精确；又如阅读理解，题目大多是让学生概括中心、推想词义、推断语气、分析结果等，仅把文章看懂而不具备良好的思维能力是很难应付的。此外，学生还要多留意国际时事、国外科技和英美文化等内容，扩大知识摄入面，以应对越发灵活的考题设计。

四、物　理

很多学生都觉得高中物理很难，对于刚升入高中一年级的学生来说更是如此。究其原因，是初中物理和高中物理在知识构成和学习方法上有了很大不同，所以会让学生产生不适应的感觉。

就知识构成而言，首先，初中物理的章节安排相对独立，而高中物理各章节内容联系紧密，环环相扣（比如高中一年级所学的力学和运动学部分，为高中二年级电学部分分析电磁场中粒子的运动情况提供了理论依据），如果前期学得不扎实，后续章节学起来就会感到吃力。其次，初中物理注重定性分析，高中物理则注重定量分析（比如摩擦力，初中阶段主要分析摩擦力大小的变化，高中则主要分析和计算摩擦力的大小），内容更加具体，难度愈发升级，这些对于学生来说都是不小的挑战。

此外，从学习方法上来看，初中一般熟记结论能做题应用即可，而高中则以理解知识内容为主，知识应用更加灵活，死记硬背很难行得通。想要学好高中物理，学生必须掌握高中阶段的学习方法，在课堂上紧跟老师思路的同时，还要揣摩老师的思考方式，对所学知识灵活运用。此外，学生要善于对知识和相关题目进行总结和归纳，在后续练习中提高知识运用的熟练程度，进而提高做题的准确率，通过树立自信来提升对物理的学习兴趣，将学习兴趣进一步转化为学习动力。

1.高中物理的学科特点

高中物理试题的分析和解决往往不是通过单一通道可以实现的，多方面、多层次是高中物理带来的挑战，每道题都要求学生必须细致分析题目中的具体条件。无论是运动状态、受力情况，还是功能关系、动量关系，具体要运用哪个知识点来完成题目都要经过缜密思考，并综合运用自己建立的知识体系解决问题。

此外，高中物理的知识点之间存在很强的逻辑关系。学好了动量知识，但不能保证你就能拿到这一部分知识点的分数，这是因为动量、受力、运动、电磁等知识虽然分属不同的知识模块，但是模块之间并不相互独立，反而在整体上形成了一个经典的理论严密、逻辑自洽的体系。这些知识在学习时相互印证，考查时互相结合，简言之，此前任何一个知识点的短板都有可能成为现在学习阶段的“暗雷”。

2.高考对于物理的考查要求

1）理解能力

考生要理解物理概念、物理规律的确切含义，理解物理规律的适用条件及简单应用；能够清楚认识概念和规律的文字表达形式和数学表达形式，能够鉴别各种似是而非的概念、规律，能够理解相关知识的区别和联系，分清易错易混知识点。

2）推理能力

考生能根据已知的物理知识、事实、条件，对物理现象或问题进行正确的逻辑推理论证，得出正确结论或判断。

3）分析综合能力

考生能独立地对问题进行分析与研究，弄清其中的物理状态、物理过程和物理情景，找出重要因素以及相关条件；能把复杂问题分解为若干较为简单的问题，并找出互相之间的联系；能把逻辑推理与所学的物理知识加以整合，综合解决所遇到的问题。

4）应用数学处理物理问题的能力

考生能根据具体问题提取物理量之间的关系，利用方程、函数、图像等各种数学思维进行推导和求解，并在实验数据、测量结果、计算结果中获取有用的物理信息。

5）实验与探究能力

考生能够理解实验的原理和设计思路，明确实验目的，独立完成实验；会正确使用实验仪器，观察和分析实验现象，记录、处理实验数据，得出结论，并对结论进行分析和评价；能发现问题，提出问题，制定相应的解决方案；能运用已学过的物理理论、实验方法和实验仪器去解决实际问题，完成简单的设计性实验。

3.结合学科特点的学习方法

从以上内容不难看出，物理学习必须注重基础知识、基本能力和基本方法。抓基础的首要做法是回归教材，明白每个概念和规律是怎样推导出来的，定义、公式、定律的注意事项是什么，其物理意义或适用条件是什么。当然，如果条件允许，我们可以定期对知识进行小结，最后进行全篇梳理时就会有一种茅塞顿开的感觉。特别要注意的是，打好基础不等于死记硬背概念和公式，而是在透彻理解的基础上再记忆。

1）学会做题

想要提高物理成绩光靠掌握基础知识点是远远不够的，还要注重实战，也就是练习。如何正确高效地完成习题，可以参照LS学习策略规划体系的日常学习习惯方法，简言之就是做题前，要先回顾老师在课堂上所讲解的内容，包括基本知识点和易错点，然后通过习题来检验自己对知识点的掌握程度，错了就重新翻开教材和笔记回顾，实在想不明白可以求助老师和同学，直到真正理解题目和它背后的知识点。切忌边看教材（笔记）边做题，甚至借助一些搜题软件直接看答案，缺少独立思考的过程，这样很难真正地提升物理思维能力。

2）规范解题环节

学生要想进一步提升解题能力，需要对每个解题环节都做到认真规范。

（1）审题。审题不是简单地从头到尾把题目读一遍就完事，而应是带着目的性去发现题目中的隐形条件，例如电场中的粒子，其带电正负、磁场方向、粒子重力是否考虑，接触面是否光滑，导轨电阻是否考虑等关键信息。有的人就是在审题的时候没有看清楚条件，急于动笔分析结果，导致花了很长时间答题却完全没有得分，更不用说还有人直接跳过审题步骤，直接依靠感觉答题。这种寄希望于“天意”来考试的行为，本质上是对自己学习的不负责任。

（2）构建物理场景。考试中涉及的物理知识大多跟我们的生活息息相关，例如歌曲《红星照我去战斗》中所唱的“小小竹排江中游，巍巍青山两岸走”，就体现了物理学中的相对运动。我们答题时要学会在脑海中构建出动态情景，这样有助于理清物体的运动过程，减少不必要的低级错误。

（3）调用知识网络。看到一道题，如果你第一时间不能很快明确这道题考查的知识点到底是什么，那么最简单的方法就是把你能想到的相关知识点全部套用一遍，把归纳出的主要解题方法尝试一遍。这种做法要求学生必须重视基础知识的积累，且要把积累这项工作做扎实，这样才能实现“要什么，有什么”，不至于“两眼一抹黑”。

（4）下笔分析。做题最忌讳“脑子明白，手没动静”，我们在考试时一定要善用草稿纸，通过动笔找思路，比如把可能的受力分析图简单画一下，把涉及的公式写一写，把临界分析法、等效法、对称法、微元法等应用方法拿来试试，很多时候写着写着解题思路就打开了。

（5）用好错题本。这个老生常谈的方法真的非常有效，再没有任何一本教辅资料会比你的错题本更适合自己了，因为这里是你所有问题点的集合。无论是“不太会”“完全不会”抑或“曾经会”的题目，你都必须回到知识点本身去寻求答案，利用错题本梳理过程。

五、化 学

化学是一门以实验为基础的学科，与同为理科课程的数学、物理既有相通之处，又独具特性。学好化学必须具备动手实践能力、逻辑思考能力、计算能力和推理能力，具有创新性思维，并选用合适的学习方法。

高中化学的知识具有系统性，难度层次分明，既有大量记忆性内容，又有很多推导性内容，考查学生的基础认知能力、中等思辨能力、高难度整合能力，循序渐进，以此锻炼和区分各个层次的人才，这也体现了这门学科的探究性意义。

1.高中化学的学科特点

1）辨识宏观与微观观念

学生要能辨识宏观现象与微观原理，掌握物质变化的分类方法，并能通过化学符号表达物质及其变化的过程及规律，从微观层面理解物质的组成、结构及其性质，做到通过结构判断物质性质。

2）建立空间立体模型的思维

学生要认识化学现象与模型之间的关系，了解物质结构模型及其变化过程的结构变化，并能依据物质结构性质建立化学思维框架。

3）发展探究实验的意识

化学既然是一门以实验为基础的学科，那自然要考查学生的探究性思维以及独立思考能力，即通过发现提出问题，设计、优化实验方案，完成实验操作，观察并记录实验过程，最终得出实验结论。学生要在整个实验过程中以客观事实为依据，不迷信权威，具有敢于质疑、敢于创新的精神。

4）建立平衡与变化的动态思想

物质是不断运动的，物质的变化是有条件的，学生要从内因与外因、量变与质变、能量转化等多方面来分析化学变化，建立动态平衡的逻辑思维。

2.高中化学的学习要求

1）注重“双基”知识，突出重点

以教材为载体，认真“吃透”课本，全面掌握基础知识和基础技能

（双基），不留缺憾，这是学好化学的根本。很多学生做不到脚踏实地，认为课本上的内容太简单，抑或自以为是地认为课本上的内容不会考，常常在基础知识尚未学扎实的情况下就一味追求偏题、难题，大搞题海战术，这真不是什么聪明的做法。

在强调“双基”的同时，我们也要突出重点。化学用语是学好化学的基础，学生一定要花时间和精力通过记忆、强化训练等方法，以熟练掌握常见的元素符号、化学式、化学方程式等内容，为后续学习打下坚实的基础。

2）重视化学实验，培养学习兴趣

首先，化学实验是很生动直观的，千变万化的化学现象最能激发学生的学习兴趣。学生在课堂上要认真、全面地观察实验现象和老师的每个演示操作，若只看现象不思考，无助于学习的提高，所以观察要有明确目的，知道观察内容是什么，范围有哪些，要解决什么问题，实验原理和操作步骤是什么。

其次，化学实验必须亲手完成，不能袖手旁观。在实验过程中，学生一定要集中注意力，严格按照实验要求去完成，熟练掌握各项基本操作；对实验过程中出现的各种现象，要耐心细致地观察、记录，多问、多想，从而提高自己分析问题、解决问题的能力，以及动手能力和创新能力。

3）关注生活，理论联系实际

我们赖以生存的物质世界处处都与化学紧密相关，如钢铁的生锈、食物的腐烂、水的污染。要想学好化学，必须热爱生活，关注生活，从身边的化学现象着眼，而不只是满足于课本上的知识。有条件的学生还要关注化学与社会技术的相互联系，聚焦社会热点问题及化学科技前沿，将化学理论与社会生活实际、环保知识、时事政策和能源发展等经济问题联系起来，用所学知识和技能去解释和解决一些化学问题，从而感受化学的重要性。

3.结合学科特点的学习方法

积极向上的学习状态和身心状态，是推动学习更上一层楼的前提条件。由于高中化学内容丰富，知识覆盖面广，信息容量大，学生一定要高效学习，精准练习，不断地整理、归纳，把新旧知识融会贯通，明确它们的共通之处与区别，了解它们相互转变的原理及方法，使知识网格化、系统化。

日常安排学习时，学生要养成列计划的好习惯，比如每周记忆多少个方程式，掌握几种题型，重温几个实验，背诵多少种物质性质及其应用，等等；再按照LS学习策略规划体系中的错题管理方法，及时将错题进行还原和修正，让知识不留死角。当然，不同层次的学生对应不同的学习方法，找到适合自己的学习模式最重要。

六、生 物

生物是一门理性、直观、以概念为核心的学科，不仅包含较多的名词概念，也具有非常严密的逻辑性、推理性和规律性。生物学科本身属于理科范畴，但它同时兼具文科课程的特点。尤其进入高三阶段，生物学科的整体性会从量变到质变，体现出学科的内在联系性。

1. 高中生物的学科特点

1）生物是一门以概念为核心的学科

生物本身自有一套知识体系。高中生物更是以基础概念为根基逐步扩展的，比如前期所学的细胞及细胞结构、光合作用、呼吸作用、细胞有丝分裂等知识，都为后续更高层级的生物学习打下了基础。正因为前期的基础知识会被反复运用，所以学生需要记忆的概念有很多，对这些概念的内涵本质、外延拓展以及相互间的关系都必须正确掌握。毫不夸张地说，对于生物学科，掌握了基础概念，至少可以解答超过半数的题目。

2）生物是一门理性的学科

生物属于理科范畴，因此会涉及数学计算、推理分析和归纳总结等一系列理性思维活动。对于这部分知识，学生必须在理解的基础上加以记忆，这对逻辑思维能力的提升也是一种锻炼。

3）生物是一门直观的学科

前文说到，高中阶段的生物学习中，有一些概念需要理解性记忆，因此通过直观方式更有助于突破重点难点。比如细胞分裂这部分知识点，图表既是考试常用的考查形式，也是学生在理解记忆过程中最直观的记忆形式。

4）生物是一门实验的科学

生物与人们的生活、生产息息相关，因此学科内的许多规律和结论都由实验获得，高考题中涉及实验的内容可达 30%。此外，实验与教材中涉及的生物发现史也有诸多联系，能培养学生观察和归纳总结的能力。

2. 高考对于生物的考查要求

1）理解能力

高考对于学生理解能力的考查是由低到高逐层升级的：首先考查学生对基础知识的理解与应用，要求学生把握知识之间的内在联系；其次是通过图表、曲线等形式，考查学生提取信息的能力；最后考查学生运用所学知识解决问题的能力，即能否对题目进行分析、推理、判断和总结，最后得出正确的结论。

2）实验与探究能力

如今的生物考试越来越重视实验的部分，对于实验内容也有了不同层次的考查要求：一是通过所学知识，补充完整原理、方法、目的、操作方法及操作步骤等；二是考查验证实验，高中阶段主要以对照实验为主，学生通过实验设计、操作步骤，分析得出正确的实验结果与结论；三是考查学生针对问题进行初步探究的能力；四是考查学生对实验结果评价的能力。

3）获取信息的能力

既然生物是比较贴近生活的一门学科，那么考查往往结合社会热点来出题，这部分内容一般考查学生获取信息解决生物问题的能力，以及关注社会热点信息的能力。

4）综合运用的能力

综合运用能力是对学生生物学科素养的整体要求，其包含的范围比较广泛，考查学生运用知识的能力，相对来说难度最大，要求最高。涉及综合运用能力的题目都有一定的难度，一般来说也是难点最集中的地方。

3. 结合学科特点的学习方法

1）抓住身心特点

想要学好生物这一学科，我们首先从了解高中生的身心特点入手。高中阶段的学生逐渐成熟，自我意识越发强烈，记忆力和理解力都有着显著提升，开始尝试用自己的眼光看待周围的事物，有着属于自己的一套衡量标准以及适合自己的一套记忆方法和学习方法。

既然高中生具有以上身心特点，我们就要根据这些特点来帮助学生提高相应能力。学生要清楚自己的不足之处在哪些方面。如果想提高理解能力，就要以基础知识为根本，利用章节与章节之间严密的逻辑性来对知识加深了解和记忆，辅以思维导图来梳理脉络会效果更好。如果想提高实验探究能力，可以尝试分析一些实验中常用的方式方法，找出实验与实验之间的相同点与不同点，归纳总结不同实验的设计思路，从简单到复杂逐步提升难度，最后尝试设计实验，通过实践来获取和巩固知识，这种形式也有助于加深记忆。如果想提高综合运用能力，学生可以实时关注社会热点，善用科学的眼光搜寻有用的信息，循序渐进地练习。

2）重在理解，勤于思考

不仅仅是生物，所有学科想要单靠死记硬背得高分都是行不通的。要想把知识理解透彻，把所学和所用融会贯通，就必须在记忆的基础上重视理解，也就是所谓的理解记忆法。人们总说学习讲究方法，其实记忆同样如此，理解记忆相较于传统记忆更加灵活有效，不仅能加深记忆痕迹，还能提升学生的理解能力。

生物的知识点很零碎，但高考题又综合性很强，所以我们看到一道题的时候要多去思考可能涉及的知识点，在理解记忆的基础上提取解法，让思维大胆发散。

3）重视观察与实验

生物的学习需要学生重视其研究过程，通过实验探究法来提高自身探究问题、解决问题的能力。同时，生物也重在理论联系实际和学以致用，学生在学习教材知识的同时，也要敏感捕捉科学技术和社会发展之间的相互关系，利用所学来解决相应的社会问题。

4）回归教材

其实想要学好一门学科，回归教材是最基础、最有用的做法。教材中囊括的知识点是所有散发知识的根基。从教材到习题，从习题到试卷，最后暴露出的很多漏洞都可以返回到教材中去寻找解决办法。千万别抱有侥幸心理，觉得“这道题应该不会考”就不去过问，被忽略的那个知识点可能就会成为你失败的原因。

当然，回归教材的意思不是让你拿着书翻来覆去地来回看，这样明显是无限循环的无用功，正确的做法是通过做精、做细每一道题，明确知识点和考点，然后抓住自己的不足，回到教材找依据，确认知识掌握透彻后，再利用习题巩固，确保把问题查清，把顽疾根除。

七、政 治

高中政治以促进学生思想道德品质发展为重点，要求学生通过时事新闻，与时俱进，掌握当下国内外的各种大政方针，树立正确的世界观、人生观和价值观。

1. 高中政治的学科特点

1）理论性强

高中政治是理论与实践相结合的产物，要求学生理解和掌握相关的概念和定义，熟记相关体系，将从教材中学到的知识运用到实际生活当中。这部分内容对学生来说，有一定难度。

2）时事性强

政治是紧随时代热点、紧跟时代步伐的学科，因为今天的政治会变成明天的历史，这决定了政治具有时代性的特征。高考试题常以时代热点为命题素材，这就要求学生必须关注时事政治，了解国内外重大事件，并能从事件表面分析出其本质特征。

3）树立正确的三观

高中是一个人确立世界观、人生观和价值观的关键时期，也是一个人从生理成熟到心理成熟的过渡时期，这就要求高中的政治课堂必须营造出适合的学习环境和学习氛围，让学生能够真正明白思想的重要性。而关注学生的身心健康，护航学生的全面发展，也是政治课程的一个目的。

4）培养政治素养

与初中相对浅显的思想政治课相比，高中政治要求学生的理论基础更加扎实，不光要记忆概念本身，更要了解概念的内涵和外延，并需要按照

“了解”“熟记”和“深究”进行区分，在此基础上对理论进行合理地运用和思考。此外，高中政治对学生的政治素养提出了更高要求。学生不光要会做题，辨析题目与答案之间的关系，还要关注中外社会热点信息，提高获取信息的敏感性和洞察力，进而解决生活中的实际问题，让自己真正具有公民意识。

2. 高考对于政治的考查要求

1）解读信息的能力

政治试卷中的信息来源有两方面，一方面来自材料题中的参考资料，一方面来自题目本身。学生要把握好题目与材料之间的关系，读懂文字传递出的显性信息，找出文字背后的隐性信息，把握关键字词句，准确全面地写出答案。

2）抓准核心的能力

同其他学科一样，政治的考查重点也集中在学生分析问题和解决问题的能力上。由于考试说明的考点、教材的重点、社会的热点、公众的焦点都能成为高考题目的素材，学生必须具备通过关键词快速明确考点、锁定知识点的能力，做到不偏不漏。千万不要以为洋洋洒洒写了一大堆文字在卷面上就能得分，言简意赅才是王道。

3）语言组织能力

既然得分不以字数多少取胜，那么学生在答题时完全不用将教材上的所有语句一字不漏地默写下来，而应通过一定的语言组织能力，使用关键术语对自己的观点进行阐述。语言精准不跑题，条例清晰不漏项，运用、演绎、比较、分析、概括的能力得到展示，是政治这门学科的得分关键。

3. 结合学科特点的学习方法

1）及时梳理知识

培养良好的日常学习习惯，是政治乃至所有学科都要重视的问题。预习时发现问题，上课时解决问题，回顾时巩固知识，练习时检验知识，它们都是学习路上必不可少的环节。

对于政治来说，知识模块众多且各成体系，知识体系的建立很重要。无论是主观题还是客观题，死记硬背都得不到高分，必须重视概念和原理的理解、运用和深化（反过来也是对知识的巩固和再消化），这些都不是临时抱佛脚就可以解决的问题。缺少日常的积累和及时的梳理，就很难应对高中政治考试。

2）精读教材，按点作答

政治区别于其他文科课程的地方在于对学生提取信息能力的要求更高。我们都知道政治是“按点给分”，一道主观题涉及的知识点往往包含两个或两个以上，这就要求学生必须找全所有答题点，分清主次。有的学生刚把材料读一半就着急下笔，以为考题是自己曾经做过的某道习题，写得密密麻麻，但实际上却只抓住了一个得分点，既浪费时间又浪费精力。

避免答偏、答漏的办法首先是精读教材和笔记，对每一个细微的知识点都了然于心；然后在对知识点掌握熟练的前提下，进行知识整合，找到知识点之间的联系与区别；最后通过练习，区分材料和问题方面的异同，利用错题本加强对薄弱点的训练。

最后强调，政治需要背诵，脑海中的每一个知识点都是我们答题的依据和起点，但理解性记忆是我们所追求的，科学背诵才是事半功倍的做法。

3）理论联系实际

学生还存在的一个共性问题，是即使背诵过关了也很难拿分，这个问题出在答题策略上。很多人在答题时习惯机械地堆积观点，缺少对所学知识的综合运用，缺乏理论论证和事实论证，这样是很难在政治学科上拿高分的。

其实政治的学习除了需要夯实基础，构建知识体系，熟记细节知识点之外，能结合国内外重大热点新闻，做到运用贴切的材料论证论题是非常关键的一个步骤。因此，学生在政治的学习过程和答题过程中，首先要审题，明确答案层面（是什么，为什么，怎么办）、答题角度（政治、经济、哲学）和答题范围，其次就要在论述中做到理论联系实际，让论点更清晰，让论述不空洞。

八、地　理

无论是在古代，还是在现如今，我们都习惯用“上知天文，下知地理”这句话来形容一个人学识渊博，可见，地理是有学识之人必不可少的知识储备。

古今中外有很多与地理相关的故事都是千古佳话。比如“草船借箭”，诸葛亮就是利用浓雾天气诱敌上钩，轻松获得十余万支良箭的；再比如“火烧赤壁”，诸葛亮“巧”借东风，最终帮助孙刘联军实施火攻之法以少胜多、以弱胜强，大破曹军，烧灭了曹操一统天下的野心，烧出了三国鼎立的蜀汉王朝。因此，不同于繁复琐碎的化学实验和晦涩难懂的物理公式，地理与我们的生活息息相关，尤其是一些基础性的、常识性的地理知识，更是我们生活中的“好帮手”，所以学好地理非常重要。

1. 高中地理的学科特点

1）整体性

地理的研究对象是彼此联系的、全面的，因此这门学科具有整体性，也就是说各个要素之间相互影响，相互制约，相互依赖。自然地理中有气候、水源、土壤、植被等，人文地理中有农业、工业、交通运输等，自然地理和人文地理并非孤立存在，而是一种要素的变化会影响整体的变化，关键要素的变化甚至会对整体产生决定性的影响。

2）区域性

地理的研究范围是整个宇宙，涉及范围广，内容多，需要大量课外知识作为补充。地理既研究整体，也研究区域，区域之间的差别千变万化，每个区域都有各自独有的特征，涉及地域差异、环境差异、气候差异、人文差异、习俗差异等，学生要对自然地理和人文地理统筹兼顾。

3）空间性

地理的研究对象具有一定的空间性。所谓空间性，从学科范畴理解是指三维空间，即具有一定的范围和高度。它要求学生具备空间想象力和空间意识，尤其是在学习宇宙运动、地球运动和经纬度等知识时，空间想象力与空间意识可以帮助学生更好地掌握知识点。

4）变化性

世界上的一切事物都是处于变化发展之中的，地理也有它的“前世今生”，这就要求我们在学习过程中要注意地理各要素在时空中的变化，例如沙漠和绿洲可以相互转化，人类活动也会导致自然人文的变化。

2. 高考对于地理的考查要求

◆ 熟记重要事物的分布和名称种类，如大洲、大洋、重要的山脉河流、国家、城市、交通线路、地形地势等。教材中重要的、常见的数值数据需要掌握；重要城市的经纬度、大洲大洋的分界线，以及一些涉及河流长度、山脉海拔的排名数据需要背诵；重要的地理事件、在全国或全球范围出现的新事物或新变化，例如新型水利工程、新能源、新文化遗产等重大发现和成就，需要了解其背景和意义。

◆ 掌握考试大纲中有关国家及地区的地理特征，了解世界上各国家和地区之间的相似性和差异性（既有联系又有区别），例如中国南北方的气候差异、自然带差异、地形地势差异、风土人情差异等。

◆ 读懂且熟练运用各种图表，包括地图、剖面图、示意图、景观图、表格等内容，能够根据图表信息抓取答题要素，利用隐含的信息找到解题关键点，并在此基础上总结规律和方法。

◆ 很多学生常常感觉教材上讲的内容和实际做题用到的知识点不一样，其实就是欠缺根据题目对知识点进行寻找、提取、分析、判断和使用的能力。随着学科的不断发展和人类环境意识的觉醒，地理考试越来越反映新时代的特征和需求，越来越注重学生的分析能力和解决问题的能力。新观念、新科技、新方法、新手段的不断迭代，让我们在体会便利生活的同时，也需要不断反思和总结，这就决定了地理考题的综合性将大大提升，对学生的考查会更加全面。

3. 结合学科特点的学习方法

1）文理学法兼用

在学习地理的过程中，学生要分清自然地理与人文地理之间的区别，虽然它们同属地理这一门学科，但是针对它们的学习方法与解题思路却是完全不同的。

高中地理中的自然地理部分，例如宇宙、大气、陆地、海洋等属于理科范畴，尤其是其中的地球运动、时间计算、太阳高度角、等值线等内容，需要很强的空间想象力和逻辑思维能力，学生在学习过程中应当采用偏理科的学习方法和解题思路，强调理解重于记忆，以解决实际问题为目的。

高中地理中的人文地理和区域地理部分则属于文科范畴，学生在学习过程中要运用偏重文科的学习方法和解题思路，强调记忆背诵的重要性，利用教材和笔记熟悉和掌握知识要点，多思多想总结出自己的观点。

因此，自然地理要用理科的思维方法来学习，空间立体感、逻辑推理、善用图表都是学生必须具备的能力；人文地理要用文科的思维方法来学习，语言组织和文字表述是学生必须提升的能力。

2）重视地图的使用

要想学好地理，离不开地图的加持。学生必须重视地图的使用，从识图、用图到记图、画图，这既是学习地理的基本要求，也是地理教给我们的基本技能。无论是自然地理还是人文地理，图文结合的方式都能让学生对地理概念具有更直观、更形象、更清晰的记忆，帮助学生更好地认识、理解和掌握事物的现象、规律和原理，使繁杂的地理知识变得更具条理性，将地理这门学科变得易懂易学、好记好用。

3）整合知识，融会贯通

初中地理中的简单知识，如地形、气候、河流等地理要素，往往是学习高中地理的基础，这就要求学生在学习过程中将初、高中知识进行有机结合，除了要明确基本概念的定义以及由概念引申出的内涵和外延，还要重视综合分析能力的提升，学会把系统的地理知识落实到具体的地理区域中去，结合地理事物的变化发展及人类的相应对策，解决“有什么”“为什么”“怎么办”等实际问题。

九、历 史

中国是四大文明古国之一，重视历史的记载与传承，认识源远流长、博大精深的中华文明是我们的使命。与初中历史相比较，高中历史更加注重历史事件之间的联系，强调历史规律的作用。考试题目中要求分析、总结、对比的部分更加灵活。这就要求学生在面对高中历史时，更需要根据史实基础进行思考，以适应出题者多变的思维。高中历史对以往的历史知识体系进行了重新整合，以专题形式和中外历史合编形式重组了教学内容，每一单元模块和专题独立成体系，模块间、专题间也存在着逻辑和目标上的联系。

1. 高中历史的学科特点

历史是一门以马克思主义理论为基础，研究世界各个民族、国家、历史人物事件的学科，因其组成都是客观的，所以历史具有客观性。任何历史事件都是在当时特定历史背景下产生的，因此我们学习历史、解读历史事件和历史人物时，不能以当下的眼光去看待，而是必须结合当时的生产方式、思想行为和价值观等条件来评价和判断。老师在授课时要用联系、发展的观点去讲述，学生在学习过程中也要用联系、发展的眼光来吸收知识。我们都会随着时间的流逝，慢慢变成历史长河中的一段插曲。

2. 高考对于历史的考查要求

1）偏重知识整合

随着新课程实施与高考改革，历史在考查学生是否掌握学科知识外，更加注重素质教育对人的影响。素质教育要求学生改变过去过于重视对孤立知识的机械性记忆，能够利用已有知识融会贯通、举一反三、触类旁通，具有整合和迁移知识的能力，从而提高解决问题的灵活性和有效性，因此考试内容虽然仍旧以主线知识为主，但更偏重学生对零散知识的整合能力和变通能力。高考改革后，历史试卷的题目和题型都更加开放，考查重点也由过去的学科能力转向学科思维，旨在激发学生的独立思考能力，提高分析解决问题的能力。

2）注重以史为鉴

“以史为鉴，学以致用”是高中历史学习的主要思想。以中日甲午战争为例，战争时期，中日两国对于战争的宣传角度是不同的，老师要引导学生正确认识国际舆论和国际社会的态度。铭记历史是为了更好地生活，帮助我们树立起正确的世界观、人生观和价值观。

3. 结合学科特点的学习方法

1）史料扩充

教材的知识总量有限，一般只保留最基本、最重大的历史史实，不利于调动学生的学习兴趣和对历史事件过程的全面认识。老师可以结合教学内容，在课堂上给大家补充一些更加贴近生活的史料，展示一些历史文物模型、历史图片和影像资料，通过“穿越时空”的方式对比历史和当下，又或者以热点新闻为切入点，通过古今中外的大事件对比，来展示人物、民族、国家的“前世今生”，给学生带去最直观、深刻的感受。学生也可以利用课余时间阅读一些历史书籍、报纸杂志，浏览一些历史网站，多维度、多层次地了解过去，让历史变得鲜活、真实。总而言之，以史鉴今是我们学习历史的主要目的，学习氛围需要师生共同打造。

2）实地考察

历史遗留下来的名胜古迹、名人故居、风俗习惯，都是历史课堂在现实生活中的延伸。随着国家经济的不断发展，人们的出行变得越来越方便快捷，实地参观考察的方式能让学生走出课堂，亲身感受历史的魅力，这对历史学科的学习是很有帮助的。

3）学会总结

学习不会一蹴而就，需要良好的学习思维和正确的学习方式作为支撑。学会总结是学好任意一门学科的关键，它能有效检验出学生对知识点的掌握程度和对知识运用的熟练度。历史涉及的内容时间跨度长、事件繁复，很容易“张冠李戴”，因此及时总结很有必要，记忆时必须找准特征再开始。

对于教材上的知识，学生在上课之前要预习，上课注意老师勾画的重点；下课后要对知识点进行整理，选择性背诵；最后回顾教材，重温教材，重点关注教材上的细节。

面对习题（试卷）中的客观题，学生尽量做到不看教材和笔记，会多少就写多少，想到几条列几条。核对答案后，对做对的题目简单过一遍，着重整理做错的题目，方便复习和回顾。考试前再利用错题本加深印象和理解，避免在考试中出现同样的错误。而主观题同样不能只依赖教材和笔记，学生要先尝试独立完成，找到材料中的关键信息（精确到字、词、句），然后以条理清晰、简洁明确的语言分点作答。答完之后，再对照教材、笔记或参考答案进行对照，规范答题时的语言和用词，明确得分点。

遇挫迷惘怎么办？学员代表有心得

没有谁的人生能被片刻定义。

正如马克思的父亲给他的信中所写：“最幸福的人也有忧伤的时刻，无论对哪一个凡人，太阳都不会永远只露出微笑。”所以，即使眼下有失落、有迷茫、有无助，但请相信，你没有落后，在命运为你安排的属于自己的时区里，一切都准时，一切都来得及。

天津医科大学大二学生　李庆萍

我叫李庆萍，是山东省2020级高考生。通过这次机会，我想根据自己的高中学习经验，跟大家谈一谈考试管理习惯。

回顾高三的每一次考试，重点从来都不应该是你考了多少分，排在多少名，而是你通过这次考试学到了什么，发现了自己有哪些问题，有没有去纠正和完善它们，能使其在高考中避免。所以，我的经验是一定要养成分析试卷的好习惯。至于如何分析，下面我把自己的思路给大家介绍一下。

第一步，分析试卷结构，清楚知识点分布。每做完一套卷子，我都会将试卷内容进行划分，将每一道题考的知识点用红笔写在前面，然后明确这个知识点我是熟悉还是不熟悉，统统做好标记。在之后的训练中，我会有意识地重点去多做那些不熟悉的知识点对应的题目，对已经熟悉的知识点就选择性略过（如果遇到不熟悉的题型会做一下），这样能很好地提高做题效率。同时，针对高考模拟题和历年真题，我会寻找规律，如果某一个题型或者知识点出现的频率很高，我会记录下来，在练习时着重训练这类题。

第二步，整理试卷中的错题。考试过后一定要整理错题，这能让我更好地发现自己的问题，并有所避免。整理错题不代表把试卷全部过一遍，或者只是抄上题目和答案，而是着重整理那些我做起来有思路，但又掌握得不太全面或不完全正确的错题，并在下面写上正确的解题思路用来举一反三，这种做法对提升我的思维能力很有帮助。对于多次出错的题型或者知识点，我在整理时会特别标注，经常翻看，力求形成条件反射，一定要让自己彻底搞明白错误原因后再找新题巩固。

第三步，进行问题总结。我在高三的时候准备了一个小本子，上面记录着我每一科考试遇到的问题。举例来说，我会记着“语文考试因为紧张看错了题”“数学考试因为着急忙慌算错了得数”“物理考试因为没安排好时间，导致最后的大题没做完”“化学考试这道题记错了反应方程式”“做这套英语题的时候没调整好状态”……当然，我也会在本子里写上一些积极的语句来激励自己。每次考试之前的一小时，我会拿出这个本子翻看一会，等考完试做完错题整理之后又会继续补充，循环往复下去。

以上就是我高三期间在考试管理方面的一些心得，大家可以根据自己的情况选择性尝试，希望我的经历能够帮到大家。

宝坻一中高三学生　耿剑睿

我叫耿剑睿，是宝坻一中一名准高三学生。说实话，我之前的综合成绩还算不错，各科成绩都在中等偏上，只是除了一科——数学。

我的数学成绩真的很难说出口，这可不是“假谦虚”。比如有一次月考，我和一个成绩相当的女生一起去问成绩，我总分比她高了十分左右，但仔细比较单科成绩，哇，光是数学一科她就比我多出了将近三十分。这个差距够明显吧！

之前，我一直没有特别好的办法来“拯救”我的数学成绩，直到进入LS能力训练营。在这里，我遇到了许多超级厉害的老师（上过课的同学应该都有共识，没上过课的朋友们可以期待一下），倒不是说他们讲的内容有多么出彩或者天花乱坠。在我看来，同一学科所有老师的讲课方向都是一致的，只是不同的老师会带有不同的个人特色，不同的教学经验又会形成不同的教学风格，不同的上课方式就会让不同的学生有不同的收获。在这样的氛围中，将学习技巧和自身现状融会贯通，我认为才是补课真正的意义所在。

现在市面上有许多学习软件可以选择，各大学习网站推出的免费公开课也是层出不穷，但是我们不能再把目光局限在“会做一道题”那么表面的问题上，学习策略、学习方法、学习习惯才是我们要掌握的重点。所以，有了问题一定要大胆提问，不是所有错题都要投入一样多的精力，不要被别人的行为所干扰，找准自己的问题查漏补缺才是关键。

如果做到以上这些，成绩就一定会提升吗？答案当然是“No”。都说“名师出高徒”，但我认为“严师出高徒”更合适。这个“严”，不光是指外力（家长和老师）对你的鞭策和督促，更多的是我们对自己的严格要求，因为你的进步永远会和努力与坚持成正比。

假设一个坐标系中，横轴代表努力，纵轴代表成绩，当我们从原点开始出发的时候，努力和成绩一定成正比。但学习之路不是一帆风顺的，总会遇到瓶颈期，到了这个时候你就会发现，无论怎么努力，成绩始终在原地踏步，甚至还会出现一定程度的倒退，这时怎么办？“坚持”二字一定是我们必须要高举的旗帜。撑过这个瓶颈期，你就会豁然开朗，感受到“柳暗花明又一村”的喜悦，一切都会像刚开始一样变得轻松。所以千万不要幻想着通过一次两次补课就能取得多大进步，一分耕耘一分收获，最终结果一定是取决于你为学习付出了多少真心。

作为一名准高三学生，我当然有学习压力，但是更要学会合理地看待这个压力。我是一个乐天派，无论遇到多大的事情笑笑就过去了，但这种“笑”不代表把发生的事当作过眼云烟，不去反思，而是把“笑”当作排解压力的一种方式，好让自己有足够的力量去面对这些问题，更好地迎接接下来的生活。其实我在学校的时候就特别喜欢与班主任聊自己的想法，在LS能力训练营里也会抽空找助教谈心，纾解内心的压力。大家千万别不好意思或是不敢去找别人倾诉，这真的是缓解压力的有效方法。

最后也希望各位家长能相信自己的孩子，每一个生命的诞生都是一个奇迹，要相信他们能为自己创造奇迹。祝各位高三的同学都能在高考中金榜题名！

LS能力训练营高三精英班陈诺奇

大家好，我是来自LS能力训练营高三精英班的陈诺奇，在这里给大家分享一下我的学习感受。

首先，在参加LS能力训练营以前，我是那种“在校努力，在家疯玩”的类型。正是因为这种学习状态，我的学习成绩很不稳定，一下子从年级前五名掉到了期末的年级第十五名，区排名也掉到了二百名之后。问题出在哪里呢？我反问自己，后来发现是自控力出了问题

——躲不过手机的诱惑。

进入LS能力训练营之后，我开始被动地接受封闭式的管理模式和高强度的学习安排。但很神奇的是，当我远离了外物对我的干扰后，学习状态开始逐渐好转，学习效率也有显著的提高。尽管每天都要花大量的时间在学习上，但因为精英班有着浓厚的学习氛围，所以我并不感觉疲惫，反而劲头更足了。如果说原来像是有人在推着我往前走，那么现在更像是有人在牵着我一起走，让我不知不觉地也加快了步伐，想着千万不要掉队。

通过学习LS学习策略规划体系，我明白了目标的重要性，知道如何为自己设置阶段性短期目标和长期目标。比如要想高三高效复习冲刺，我们就一定要知道“我在哪”“我要啥”“将去哪”，通过分析自身问题，找到能力范围之内的提分点。训练营中“2+1课程”的讲练结合让我能在课堂上及时发现问题、解决问题，利用知识点反馈表和回顾表来了解自己的差距和不足，指导课后回顾；每天晚上的自习、答疑时间也能帮助我解决许多当天在学科上遗留的问题。

好的学习方法是提高成绩的重要法宝，好的老师更是我们在通往成功道路上的贵人。我相信很多同学都和我一样，如果遇到自己喜欢的老师，上课就会变得精神抖擞；如果遇到讲课技巧性强的老师，顿时就会觉得信心倍增。我的生物老师在课堂上常常用生动形象的方式（比如做操）来帮助我们理解知识；我的物理老师常常用引导的话语带领我们优化学习物理的方法和技巧。老师们的各显神通，让课堂既精彩又生动，使我在学到知识的同时更充满了冲刺高三的信心和决心！在这里，我要感谢每一位老师的付出，正是他们的严格要求，让我明白了：自律是优秀的开始。

LS能力训练营使我受益良多，也让我对接下来的假期有了更合理的规划。我会借助目标管理的“神力”，运用所学所得，做好后期的学习计划并严格实施，每日做好总结归纳，及时整理错题，及时扫清知识盲点。

最后我想说，长风破浪会有时，直挂云帆济沧海。这一年我们将经历惊涛骇浪，祝愿每一位同学的每一次努力都能换来值得期许的未来！

学习模板哪里找？汇总分类任君挑

1. 番茄工作法

<table>
<tr><th colspan="4">今日待办清单</th></tr>
<tr><th>任务</th><th>预计番茄数</th><th>番茄记录</th><th>实际番茄数</th></tr>
<tr><td></td><td></td><td></td><td></td></tr>
<tr><td></td><td></td><td></td><td></td></tr>
<tr><td></td><td></td><td></td><td></td></tr>
<tr><td></td><td></td><td></td><td></td></tr>
<tr><td></td><td></td><td></td><td></td></tr>
<tr><td></td><td></td><td></td><td></td></tr>
<tr><td></td><td></td><td></td><td></td></tr>
<tr><td colspan="4">计划外事件</td></tr>
<tr><td></td><td></td><td></td><td></td></tr>
<tr><td></td><td></td><td></td><td></td></tr>
<tr><td colspan="4">总结</td></tr>
<tr><td colspan="4"></td></tr>
</table>

2. 预习纸

<table>
<tr><td colspan="3">预习清单</td></tr>
<tr><td></td><td>科目：</td><td>日期：</td></tr>
<tr><td rowspan="4">预习完成打√</td><td>上课内容</td><td></td></tr>
<tr><td>上课重点</td><td></td></tr>
<tr><td>准备工具</td><td></td></tr>
<tr><td colspan="2">□ 标题预览　通读全文　段落标注
□ 明确重点　疑点标注　生字扫清　词汇记忆　公式记忆
□ 习题预做　学习工具齐备</td></tr>
<tr><td>上课重难点（可用表格、图像、习题等方式展示）</td><td colspan="2"></td></tr>
</table>

3. 康奈尔笔记法

<table>
<tr><td>课程名称：</td><td>日期：</td></tr>
<tr><td></td><td></td></tr>
</table>

4. 草稿纸

<table>
<tr><td>1</td><td>2</td><td>3</td><td rowspan="2">16</td><td rowspan="2">17</td></tr>
<tr><td>4</td><td>5</td><td>6</td></tr>
<tr><td>7</td><td>8</td><td>9</td><td rowspan="2">18</td><td rowspan="2">19</td></tr>
<tr><td colspan="3">10</td></tr>
<tr><td colspan="3">11</td><td rowspan="5">20</td><td rowspan="5">21</td></tr>
<tr><td colspan="3">12</td></tr>
<tr><td colspan="3">13</td></tr>
<tr><td colspan="3">14</td></tr>
<tr><td colspan="3">15</td></tr>
</table>

5. 空间整理清单

空间整理清单				
整理日期：		整理区域：		
编号	物品名称	类别	标记	位置标注

6. 五步复习法表单

五步复习法						
日期	复习内容	第 1 次	第 2 次	第 3 次	第 4 次	第 5 次

7. 时间管理清单

时间管理清单								
星期一					星期二			
必做的事	时间	想做的事	时间		必做的事	时间	想做的事	时间
星期三					星期四			
必做的事	时间	想做的事	时间		必做的事	时间	想做的事	时间
星期五					星期六			
必做的事	时间	想做的事	时间		必做的事	时间	想做的事	时间
星期日					周计划			

8. 错题管理表

<table>
<tr><td>知识点</td><td></td><td rowspan="2">错误原因</td><td rowspan="2"></td></tr>
<tr><td>考点</td><td></td></tr>
<tr><td rowspan="2">题号/选项</td><td rowspan="2"></td><td>解决办法</td><td></td></tr>
<tr><td>一题多变/一题多解</td><td></td></tr>
<tr><td>解题思路</td><td></td><td>归纳总结</td><td></td></tr>
</table>

9. 试卷分析表

<table>
<tr><td rowspan="3">试卷结构分析</td><td colspan="2">体量/分值</td><td colspan="4">例:选择( )个分值( )</td></tr>
<tr><td colspan="2">模块/难度</td><td colspan="4">例:选择( )个考查点 1、难度系数
考查点 2、难度系数</td></tr>
<tr><td colspan="2">题型/细节</td><td colspan="4"></td></tr>
<tr><td colspan="3">错误类型</td><td>题号</td><td>分值</td><td>占失分比例</td><td>对策</td></tr>
<tr><td rowspan="3">知识性丢分</td><td>曾经会</td><td></td><td></td><td></td><td></td><td></td></tr>
<tr><td>不太会</td><td></td><td></td><td></td><td></td><td></td></tr>
<tr><td>完全不会</td><td></td><td></td><td></td><td></td><td></td></tr>
<tr><td rowspan="13">非知识性丢分</td><td rowspan="3">审题问题</td><td>漏条件</td><td></td><td></td><td></td><td></td></tr>
<tr><td>画错关键词</td><td></td><td></td><td></td><td></td></tr>
<tr><td>思维定势</td><td></td><td></td><td></td><td></td></tr>
<tr><td rowspan="3">计算问题</td><td>心算过多</td><td></td><td></td><td></td><td></td></tr>
<tr><td>跳步过多</td><td></td><td></td><td></td><td></td></tr>
<tr><td>草稿纸使用不当</td><td></td><td></td><td></td><td></td></tr>
<tr><td rowspan="4">书写问题</td><td>抄写错误</td><td></td><td></td><td></td><td></td></tr>
<tr><td>字迹潦草</td><td></td><td></td><td></td><td></td></tr>
<tr><td>步骤不齐</td><td></td><td></td><td></td><td></td></tr>
<tr><td>标注不清</td><td></td><td></td><td></td><td></td></tr>
<tr><td rowspan="3">其他问题</td><td>优柔寡断(反复纠结)</td><td></td><td></td><td></td><td></td></tr>
<tr><td>不自信(看别人或蒙对)</td><td></td><td></td><td></td><td></td></tr>
<tr><td>太自信(没检查)</td><td></td><td></td><td></td><td></td></tr>
</table>

后 记

未来，到底需要什么样的人才?

改变命运唯一的策略是你要成为终身学习者。未来世界将不再需要单一的技能型人才，而是需要具备完备的知识结构、极强逻辑思考力和高感知力的复合型人才。优秀的人往往能通过阅读建立足够强大的抽象思维能力，获得异于众人的思考和整合能力。未来属于终身学习者，而阅读必定与终身学习形影不离。

很多人读书，追求的是立竿见影，其实这是一种留在舒适区的做法。在这个充满不确定性的年代，答案不会简单地出现在书里，因为生活根本就没有确定的标准答案，你也不能期望过去的经验能解决未来的问题。

我们当然会在书里介绍方法，但希望带给读者更多的是思考。书里还有很多内容可以再展开，但是“道可道，非常道”，人世间的许多道理都是需要不断修正完善的，没办法在短时间里一一解释清楚；还有一些涉及课程内部的内容考虑到整书结构，也没办法在有限的文字里详尽阐述。无论如何，有关 LS 学习策略规划体系的核心已倾囊相授，希望读者能够有所收获。

我们的写作初衷很简单——希望读者能够不再自我怀疑（担心自己不是“读书的料”），能意识到“学习是一件科学的事情，科学的事情会有科学的方法”而变得自信，坚定“只要按照科学的方法行动就可以成功”的信念，相信自己拥有实现梦想的无限潜能!

任何书籍从策划到成型，都离不开很多人的努力。感谢家人对我们工作的支持，感谢学信教研团队对我们写作的鼎力配合，感谢前人的经验和学习者的投稿。作为读者，我们习惯用审视的眼光去看待一本书：它有科学性吗？它实用吗？它真的能对我有帮助吗？如今的我们作为作者，希望这本书能经得起广大读者的认真审视，因为，这才是我们真正看重的。

天津学信教育公众号

学信中高考视频号

编者

2023 年 3 月